청년공동체 바로세우기 | 사무엘상
(인도자용 지침서)

청년공동체 바로세우기 | 사무엘상 (인도자용 지침서)

초판 1쇄 발행 | 2022. 9. 30
초판 1쇄 인쇄 | 2022. 9. 30
지은이 | 김상권
연구위원 | 곽봉준 목사(수영로교회), 김경웅 목사(수영로교회)
김주혁 목사(해운대제일교회), 김지원 목사(삼일교회)
박효범 목사(신일교회), 박요셉 목사(수영로교회)
송길남 목사(수영로교회), 양영모 목사(수영로교회)
이기환 목사(에딘버리대학 유학중), 이다윗 목사(아나톨레)
조인식 목사(경산중앙교회), 최진혁 목사(수영로교회)
펴낸이 | 정신일
펴낸곳 | 크리스천리더
편 집 | 홍소희
교 정 | 성주희
일부총판 | 생명의 말씀사 (02) 3159-7979
등 록 | 제 2-2727호(1999. 9.30)
주 소 | 부천시 원미구 중동 1289번지 팰리스카운티 아이파크상가 3층
전 화 | (032) 342-1979
팩 스 | (032) 343-3567
도서 출간 상담 | E-mail:chmbit@hanmail.net
Homepage | cjesus.co.kr

ISBN : 978-89-6594-336-5 (03230)

정가 : 9,000원

더 이상 미룰 수 없는 한국교회 다음 세대를 세우는 마지막 대안, 청년공동체 바로 세우기 프로젝트

청년공동체 바로 세우기

청년공동체 바로세우기 인도자용

사무엘상에 등장하는 청년 이슈 다루기 프로젝트

김상권 목사

[사무엘상]

>>> 1 Samuel Project >>>

다윗은 10년이 넘는 시간을 마음 훈련을 받는다. 왕으로서 세워졌지만, 서서히 왕이 되어 갔다. 사울도 하나님의 말씀을 버림으로 버림 받았지만, 서서히 버림받아 갔다. 아담도 죄를 범함으로 에덴에서 이미 죽었지만, 서서히 죽어갔다. 이것이 인생 훈련, 마음 훈련이다. 다윗에게 이 시간은 혹독한 훈련이었지만, 결국은 하나님의 마음에 합한 자가 된다. 이 혹독한 마음 훈련 중에서 다윗의 인생을 결정지었던 기초는 '기름 부음'과 '여호와의 영에 감동됨'이었다. 바꿔 말하면, '예수 믿고 구원 얻음'과 '성령의 충만'이었다. 하나님은 지금도 숱한 시련 들을 통해서 우리 마음을 훈련하고 계신 것이다.

CLS 크리스천리더

청년 공동체 바로 세우기를 위한 소그룹 사역 전략

청년 공동체 바로 세우기 소그룹 사역 전략은 총 다섯 가지의 전략을 가지고 각 청년 공동체에 맞게 조율 수립하여 각 공동체가 커리큘럼과 양육 체계를 가지고, 실질적인 영적 성숙의 가시화를 목표로 하는 청년 공동체 소그룹 사역 전문 매뉴얼입니다. 구체적인 세부안은 『청년 실종 공동체성으로 공략하라』(크리스천리더)를 참고하세요.

1. 공동체성 진단하기

1) 사역 현장의 양육, 예배, 교제, 전도 기능을 대표하는 사역들이 공동체성에 미치는 영향을 5점 척도로 회원들에게 체크하도록 한다.
2) 상대적으로 부족하다고 생각되는 부분을 함양하기 위한 사역을 점검하고 수정과 보완을 실시한다.
3) 정기적으로 진단하여 공동체성 함양을 파악한다.

<예시>

공동체성		양육 기능	예배 기능	교제 기능	전도 기능	소계
사 역		(　)	(　)	(　)	(　)	
관계적 속성	친밀한 상호작용과 영향	0 1 2 3 4	0 1 2 3 4	0 1 2 3 4	0 1 2 3 4	
	공동 목적 추구 행위	0 1 2 3 4	0 1 2 3 4	0 1 2 3 4	0 1 2 3 4	
	전인격적 관계	0 1 2 3 4	0 1 2 3 4	0 1 2 3 4	0 1 2 3 4	
	공동체 참여	0 1 2 3 4	0 1 2 3 4	0 1 2 3 4	0 1 2 3 4	
	공동 가치와 규범의 공유	0 1 2 3 4	0 1 2 3 4	0 1 2 3 4	0 1 2 3 4	
소 계						
정서적 속성	정서적 공감과 일치	0 1 2 3 4	0 1 2 3 4	0 1 2 3 4	0 1 2 3 4	
	개인과 공동체의 유익 일치	0 1 2 3 4	0 1 2 3 4	0 1 2 3 4	0 1 2 3 4	
	심리적 욕구의 통합과 충족	0 1 2 3 4	0 1 2 3 4	0 1 2 3 4	0 1 2 3 4	
	공동체 지향 본연 의지	0 1 2 3 4	0 1 2 3 4	0 1 2 3 4	0 1 2 3 4	
	의식적 소속감	0 1 2 3 4	0 1 2 3 4	0 1 2 3 4	0 1 2 3 4	
소 계						
물리적 속성	지리적 근접성	0 1 2 3 4	0 1 2 3 4	0 1 2 3 4	0 1 2 3 4	
	시간과 공간의 유사성	0 1 2 3 4	0 1 2 3 4	0 1 2 3 4	0 1 2 3 4	
	공동체 환경의 특성	0 1 2 3 4	0 1 2 3 4	0 1 2 3 4	0 1 2 3 4	
	사회적 단일성	0 1 2 3 4	0 1 2 3 4	0 1 2 3 4	0 1 2 3 4	
	공통된 문화의 공유	0 1 2 3 4	0 1 2 3 4	0 1 2 3 4	0 1 2 3 4	
소 계						
총 계						

2. 핵심가치 공유하기

1) 공동체성은 교회 부흥과 쇠퇴의 핵심적 요인이다.

2) 공동체성은 소그룹 사역에서 효과적으로 함양될 수 있다.

3) 소그룹은 예배, 양육, 전도, 교제의 기능을 강화할 때 활성화된다.

4) 1년을 4달씩 한 텀(Term)으로 묶어 소그룹 커리큘럼을 세우고 공동체에 적용한다.(예시)

<table>
<tr><th>연차</th><th>필수 과정
(1~4월)</th><th>암송구절</th><th>선택 과정
(5~8월)</th><th>필수 과정
(9~12월)</th><th>암송구절</th></tr>
<tr><td>6년차</td><td>룻기</td><td>1. 내주하시는 성령(갈 4:6)
2. 통치하시는 성령(갈 5:16)
3. 계시하시는 성령(요 14:26)
4. 능력 주시는 성령(고전 2:4,5)</td><td rowspan="6">☞ 그리스도인 되기
☞ 기독교 세계관
☞ 거친 형상과 내적 치유
☞ 하나님 음성을 듣는 법
☞ 이성 교제와 결혼 준비
☞ 경배와 찬양
☞ 비전과 소명
☞ 기도 학교
☞ 부모와 가정 사역
☞ 직장과 신앙
☞ 고난과 시험
☞ 감정 다루기
☞ 영성 훈련
☞ 캠퍼스 생활
☞ 대인관계와 커뮤니케이션
☞ 선교와 선교적 삶
☞ 이단 연구
☞ 대중문화와 기독교
☞ 하나님의 이름
☞ 기독교 교리 입문
☞ 그리스도인의 물질관
☞ 교회론과 실제
☞ 종말론과 실제
☞ 구원론과 실제
☞ 기독론과 실제
☞ 신론과 실제
☞ 기질과 은사 개발</td><td>야고
보서</td><td>1. 용서함(엡 4:32)
2. 오래 참음(엡 4:2)
3 . 분노를 다스림(엡 4:26)
4. 악의를 버림(엡 4:31)</td></tr>
<tr><td>5년차</td><td>느헤
미야</td><td>1. 믿음(히 11:6)
2. 선행(갈 6:9,10)
3. 경청함(약 1:19)
4. 책망을 받아들임(잠 9:8,9)</td><td>갈라디
아서</td><td>1. 생각의 습관(빌 4:8)
2. 마음의 습관(눅 6:45)
3. 말의 습관(엡 4:29)
4. 행동의 습관(살전 5:22)</td></tr>
<tr><td>4년차</td><td>사사기</td><td>1. 공급(롬 8:32)
2. 유혹에서 도우심(시 119:9,11)
3. 교제(마 18:20)
4. 증거(롬 1:16)</td><td>요한
복음</td><td>1. 사랑(요일 3:18)
2. 겸손(벧전 5:5,6)
3. 순결(엡 5:3)
4. 정직(행 24:16)</td></tr>
<tr><td>3년차</td><td>여호
수아</td><td>1. 구원의 확신(요 5:24)
2. 예수를 첫자리에 모심(마 6:33)
3. 죄에서 떠남(롬 12:2)
4. 견고함(고전 15:58)</td><td>빌립
보서</td><td>1. 성령(고전 3:16)
2. 능력(사 41:10)
3. 성실(애 3:22,23)
4. 평안(사 26:3)</td></tr>
<tr><td>2년차</td><td>말라기</td><td>1. 중심 되신 그리스도(갈 2:20)
2. 그리스도께 순종(요 14:21)
3. 말씀(딤후 3:16)
4. 기도(요 15:7)</td><td>누가
복음</td><td>1. 모든 이가 죄를 범함(롬 3:23)
2. 죄의 형벌(롬 6:23)
3. 그리스도가 형벌 받음(롬 5:8)
4. 그리스도를 영접해야 함(요 1:12)</td></tr>
<tr><td>1년차</td><td>창세기</td><td>1. 말씀에 의한 생활(행 20:32)
2. 성령에 의한 생활(롬 8:14)
3. 믿음에 의한 생활(고후 5:7)
4. 사랑에 의한 생활(요일 4:11)</td><td>에베
소서</td><td>1. 구원의 확신(요일 5:11,12)
2. 기도응답의 확신(요 16:24)
3. 승리의 확신(고전 10:13)
4. 사죄의. 확신(요일 1:9)</td></tr>
</table>

3. 양육 체계 확립하기

1) 모든 회원을 신앙의 성숙도에 따라 4 Step으로 분류한다.

2) 한 Term에 One Step-up을 목적으로 하여 양육하고 섬기는 사역을 실시한다.

3) Step-up이 이루어지지 않았을 때는 다음 Term에 다시 시도한다.

4) Step-up은 매 Term 시작 시점마다 점검하여 Step-up을 위한 소그룹 사역을 병행한다.

Step	부서 프로그램	소그룹 중점사항	Step 정의
Step 4 헌신자	제자훈련 소그룹 모임 리더 모임	리더 비전 나누기 사역팀 합류 소그룹원 챙기기	1. 삶이나 시간을 하나님께 드리려는 자 2.성숙을 위해 훈련 받는 자 3. 의미 있는 일을 위해 쓰임받기 원하는 자
Step 3 예배자	새가족반 젊은이예배 또래 모임	삶 나눔 집중 일일 리더 하기 인턴 리더로 세우기	1. 정기적으로 참여하여 예배를 드리는 자 2.예배에 대한 기대와 간증이 있는 자 3.말씀을 듣는 자세가 좋은 자
Step 2 참석자	소그룹 초청 전도축제 캠퍼스 모임	삶 나눔 집중 일일 리더 하기 인턴 리더로 세우기	1. 불규칙적으로 예배에 참석하는 자 2.하나님을 인격적으로 만나지 못한 자 3.소그룹 모임에 참석하지 않는 자
Step 1 관심자		주일예배 동석 친구 매주 주중 접촉 모든 모임 초청	1. 친구 따라 교회에 한 번 와본 자 2. 기독교와 신앙에 대해 관심 있는 자 3. 전도하기로 작정한 전도 대상자

4. 운영지침 반복하기

1) 공동체성에 영향을 주는 소그룹의 기능별로 두 가지 정도의 운영 지침을 마련하여 계속해서 반복한다.

2) 각 운영지침에 대한 세부안을 준비하여 강의와 실습 형식으로 매 Term마다 반복하게 한다.

소그룹 기능	분 류	기능 강화를 위한 운영 지침
양육	귀납적(Inductive)	귀납적으로 성경공부를 인도하라
	대화(Communication)	대화를 통해 마음을 열라
예배	기회(Opportunity)	소그룹 예배에 참여할 기회를 주라
	분위기(Atmosphere)	개방적이고 용납적인 분위기를 만들라
교제	사람(Individual)	사람 중심의 소그룹 교제를 유도하라
	갈등(Trouble)	갈등을 효과적으로 관리하라
전도	기도(Prayer)	기도로 성령의 인도하심을 구하라
	목적(Purpose)	목적 지향적 소그룹이 되게 하라

5. 소그룹 리더 양육하기

1) 리더 양육 커리큘럼을 구체적으로 정하여 재교육하는 시스템을 구축한다.

2) 지속적으로 가르치고 실습하게 하되, 다양한 범주 안에서 치우치지 않도록 실시한다.

회 기	양육 커리큘럼	비 고
1st Term (1~4월)	목적 지향적 소그룹 만들기(6주) 리더 친목회(1일) 기질과 은사(4주) 리더 수련회(1박)	리더 훈련 공동체 훈련 제자 훈련 집중 훈련
2nd Term (5~8월)	귀납적 성경공부의 이론과 실제(4주) 리더 친목회(1일) 두려움 없이 사는 법(6주) 리더 수련회(1박)	리더 훈련 공동체 훈련 제자 훈련 집중 훈련
3rd Term (9~12월)	대인관계와 인간 이해(4주) 리더 친목회(1일) 하나님 마음에 합한 사람(6주) 리더 수련회(1박)	리더 훈련 공동체 훈련 제자 훈련 집중 훈련

『사무엘상』 교재 개발 지침

1. 각 과의 목적을 분명하게 드러내고 있는가?
2. 관찰, 해석, 적용, 실천 영역들이 골고루 반영되었는가?
3. 각 질문은 삶을 터치할 수 있는 질문들인가?
4. 귀납적으로 소그룹원들의 생각과 삶을 돌아보게 하는 질문인가?
5. 열린 질문('예', '아니오'로 답할 수 없는 질문)인가?
6. 처음부터 끝까지 그 진행이 부드럽고 매끄러운가?
7. 분명하고 확실한 질문인가?
8. 형식적으로 들어간 질문은 없는가?
9. 청년들에게 신선함을 주는 디자인과 내용인가?
10. 연구와 묵고(默考)를 거치면 객관적으로 답할 수 있는 질문들인가?
11. 소그룹 안에서의 협동 학습을 실행할 수 있도록 짜여 있는가?
12. 소그룹 인도자가 충분히 준비할 수 있는 시스템과 자료가 지원되고 있는가?
13. 소그룹 인도자가 각 과의 핵심가치를 분명히 알 수 있게 하는 시스템이 준비되었는가?
14. 소그룹 인도자의 공과 진행을 자신과 지도자가 파악할 수 있는 구조는 마련되었는가?

Contents

1과
마음이 괴로울 때의 기도

사무엘상 1장 1~18절

기도는 능력이 있는가?
아니면 마음을 편안하게 해 주고 위안을 주는 정도의 것을 말하는 것일까?
실제로 기도의 응답을 경험한 적이 있는가?
그것을 믿지 않는 친구에게 말해서
객관적으로 '그건 정말 하나님이 하신 것 같은데'라는 말을 들어본 적이 있는가?
절대자를 향한 기도는 인간 일상에 영향을 미치는가?
그렇다고 한다면 그 이유는 무엇일까?
기도란 무엇일까?
기도해서 응답받은 것은 과학적으로 합리적으로 검증이 안 되는 것일까?
과학적, 합리적 사고가 시대 정신인 오늘을 살아가는 기독교인은 기도를 어떻게 생각해야 하는 것일까?

말씀암송 | 시편 88편 13절

여호와여 오직 내가 주께 부르짖었사오니 아침에 나의 기도가 주의 앞에 이르리이다

|다가서기|

1. 당신은 기도가 무엇이라고 생각하는가? 자신의 생각을 편하게 나누어 보라.

인도자가이드 |

각자의 생각을 나눈 뒤, 기독교의 기도와 다른 종교의 기도가 어떻게 다른지에 대한 관점으로 이야기해 보라. 하나님은 인격적이신 분이시기 때문에 우리의 기도는 인격적인 것이어야 한다.

|깊이보기| 사무엘상 1장 1~18절

사무엘서는 흔히 주전 12세기 말부터 약 150년 동안의 역사를 다루고 있는 책으로 이해한다. 사사 시대를 마감하고 이스라엘 최초의 왕정 시대가 열리는 가교(架橋) 역할을 하는 책이다. 사무엘서는 단어의 반복이나 문맥 등을 통한 선명한 대조와 상징성을 드러낸다. 사무엘서의 시작은 크게 세 가지의 대조를 통해 하나님의 메시지를 전달한다.

2. 첫 번째 대조는 제사장 가문인 엘가나의 가족과 엘리의 가족의 대조다. 이 두 가족이 어떻게 다른지 나누어 보라.

엘가나의 가족	엘리의 가족
- 매년 실로에 가서 예배를 드렸다.	- 두 아들 홉니와 비느하스가 있었다.
- '만군의 여호와'께 예배드렸다고 말한다.	- 여호와의 제사장이라고 말한다.
- 아내로 한나와 브닌나가 있었다.	- 영적으로 어두워 기도하는 것을 모른다.
- 한나에게는 아들이 없었다.	- 법궤를 빼기고 의자에서 목이 부러져 죽는다.

3. 엘리에 비해 엘가나는 어떤 사람이었는지, 그것이 우리에게 주는 교훈은 무엇인지 나누어 보라(3절).

말씀살피기

이 사람이 매년 자기 성읍에서 나와서 실로에 올라가서 만군의 여호와께 예배하며 제사를 드렸는데 엘리의 두 아들 홉니와 비느하스가 여호와의 제사장으로 거기에 있었더라 [삼상 1:3]

인도자가이드 |

매년 실로에 가서 예배를 드렸다. 당시에 실로보다 더 가까웠던 벧엘, 세겜, 미스바 등에도 성소가 있었지만, 신명기 12장에서 언약궤가 있는 '단일 중앙 성소인 실로에서 예배'를 명하셨기 때문이다. 한편 엘리의 두 아들은 실로의 제도권 안에서 제사장으로 살고 있었다.

4. 당신의 예배는 엘리 가문의 모습에 가까운가? 아니면 엘가나 가문의 모습에 가까운가? 그렇게 생각하는 이유는 무엇인가?

인도자가이드 |

왕이 없어 자기 소견에 옳은 대로 행하는 시대에 엘가나는 하나님의 말씀을 지키기 위해서 불편을 감수했다. 우리의 예배는 간편한 예배, 편의적 예배, 형식적 예배는 아닌지 점검해 보라.

5. 두 번째 대조는 한나와 브닌나의 대조다. 한나는 브닌나의 격분케 함에 대해 어떻게 반응하고 있는가?(10절)

말씀살피기

한나가 마음이 괴로워서 여호와께 기도하고 통곡하며[삼상 1:10]

인도자가이드 |

한나는 브닌나가 격분케 할 때마다 맞서 싸우지 않고, 하나님 앞에 기도함으로 반응했다. 자신의 아픈 마음을 고스란히 올려 드리는 기도와 믿음의 기도를 하나님께 드린 것이다.

6. 한나는 물어오는 엘리의 말에 '여호와 앞에 내 심정을 통한 것'이라고 답한다(15절). 이 말은 하나님과 한나가 똑같은 마음을 가졌다는 말인데, 그 마음은 무엇일지 나누어 보라(11절).

말씀살피기

한나가 대답하여 이르되 내 주여 그렇지 아니하니이다 나는 마음이 슬픈 여자라 포도주나 독주를 마신 것이 아니요 여호와 앞에 내 심정을 통한 것뿐이오니[삼상 1:15]

한나가 마음이 괴로워서 여호와께 기도하고 통곡하며, 서원하여 이르되 만군의 여호와여 만일 주의 여종의 고통을 돌보시고 나를 기억하사 주의 여종을 잊지 아니하시고 주의 여종에게 아들을 주시면 내가 그의 평생에 그를 여호와께 드리고 삭도를 그의 머리에 대지 아니하겠나이다[삼상 1:10,11]

인도자가이드 |

한나는 한참을 아픈 마음으로 기도하다가 하나님의 마음을 알게 된다. 그것은 하나님도 아들이 없다는 사실을 발견한 것이다. 자신의 마음을 백성들에게 전할 아들이 없다는 사실을 기도하는 중에 알게 되고, 그래서 한나는 아들을 주시면 하나님께 드리겠다고 서원한 것이다.

7. 기도의 가장 큰 수혜는 '하나님의 마음'을 아는 것이다. 왜 괴로울 때는 하나님의 마음을 아는 것이 가장 큰 유익인지 자신의 생각을 나누어 보라.

인도자가이드 |

인생이란 내 생각대로 사는 것이 아니라 하나님의 뜻대로 사는 것이 가장 아름다운 것이다. 하나님의 뜻을 알고, 하나님의 마음을 알 때 우리는 하나님의 뜻대로 살 수 있기 때문에, 늘 하나님의 뜻을 구하는 기도를 드려야 하는 것이다.

8. 세 번째 대조는 한나의 이야기와 이스라엘의 이야기의 대조다. 이스라엘이 대적의 괴롭힘을 극복할 수 있는 방법은 한나의 이야기 속에 있다. 그것은 무엇이고, 그 사실이 우리에게 시사하는 바는 무엇인가?(15절)

말씀살피기

한나가 대답하여 이르되 내 주여 그렇지 아니하니이다 나는 마음이 슬픈 여자라 포도주나 독주를 마신 것이 아니요 여호와 앞에 내 심정을 통한 것뿐이오니 [삼상 1:15]

인도자가이드 |

한나가 살았을 때는 이스라엘의 대적들이 이스라엘을 괴롭히는 시기였다. 한나가 대적 브닌나로부터 자유할 수 있었던 것은 한나가 하나님 앞에 심정을 통하는 기도를 드렸기 때문이다. 마찬가지로 우리의 시련과 괴로움은 하나님 앞에 심정을 통하는 기도를 통해 극복될 수 있다.

9. 한나의 기도는 하나님 앞에 자신의 마음을 쏟아 놓는 기도였다. 당신은 이런 기도를 드려본 적이 있는가? 그때는 어떤 상황이었고, 그 결과는 어떠했는지 나누어 보라.

인도자가이드 |

각자의 경험을 나누게 하면 된다. 그러면서 기도의 생명이 결국은 하나님 앞에서 정직하게 나아가는 것이라는 사실을 숙지시키고, 정직하고 솔직한 기도를 작정하는 시간을 가져보라.

|다짐하기|

10. 마음의 괴로움은 무엇에 대한 사인(sign)이라고 할 수 있는가? 앞으로의 구체적인 계획을 세워 보라.

인도자가이드 |

마음이 괴롭다는 것은 하나님 앞에 기도해야 할 때라는 사인이다. 구체적으로 자신의 기도 생활과 내용을 반성하게 하고, 짧게는 한 주 동안, 길게는 몇 개월에 걸쳐서 함께 기도의 계획을 짜고, 나누도록 도우라.

|관점얻기|

사무엘서는 주전 12세기 말부터 약 150년간의 역사를 기록한 책이다. '왕이 없어 자기 소견에 옳은 대로 행하는 시대'에서 어떻게 '여호와를 왕으로 모신 시대'로 갈 것인가?'를 교훈하는 이야기다. 사무엘서는 단어의 반복이나 문맥 등을 통해 선명한 대조와 상징성을 드러낸다.

엘가나의 가족과 엘리의 가족의 대조

엘리의 두 아들 중 홉니는 '복서, 조폭'이라는 뜻이고, 비느하스는 애굽식 이름으로 '검은'이라는 뜻이라고 한다. 그들은 "여호와의 제사장(여호와께 제사장)"으로 섬겼고, 엘리는 영적으로 어두워 기도하는 것과 술 취한 것을 구분하지 못하고, 결국은 법궤를 빼앗기고 의자에서 목이 부러져 죽는다. 반면에 엘가나는 매년 실로에 가서 예배를 드렸다. 실로보다 더 가까웠던 벧엘, 세겜, 미스바에도 성소가 있었지만, 신명기 12장에서 명하신 언약궤가 있는 단일 중앙 성소에서 예배 드리기 위해 실로로 간 것이다. 엘가나는 '만군의 여호와'께 예배드렸다. 이 칭호는 성경에서 엘가나의 예배에서 처음 사용된 명칭이다. 엘가나의 모습을 통해 이스라엘의 하나님이 아니라 열방의 하나님으로 확장되고 있음이 드러난다. 이 대조는 말씀을 지키려 했던 엘가나를 통해 하나님이 모든 민족의 하나님으로 드러난다는 것을 시사한다.

한나와 브닌나의 대조

유대 문화에서는 먼저 나오는 사람이 본처이므로, 아마도 한나가 본처였을 것이다(2절). 하지만 후반절에 가면 갑자기 이름 순서가 바뀐다. 그 이유는 한나가 자식이 없었기 때문이다. 엘가나는 매년 제사를 드릴 때 그들에게 '제물의 분깃'을 주고, 한나에게는 갑절을 주었다. 한나는 가장 기뻐야 할 그 자리가 기쁘지 않았다. 그 이유는 브닌나가 격분케 했기 때문이다(6절). 하지만 한나는 모든 문제를 하나님만이 해결할 수 있음을 믿고 주님께 나아왔다. 괴로움은 하나님만이 해결하실 수 있다. 우리 인생의 괴로움을 진정으로 해결하실 분은 하나님뿐이신 것을 믿는다면 비록 상처받을지라도, 그럴 줄 알면서도 예배로 나와야 한다. 이것이 한나가 우리에게 말해주는 '샬롬'으로 가는 길이다(18절).

한나 이야기와 이스라엘 이야기의 대조

한나의 이야기는 '왕이 없어 괴롭힘을 당하던 한 민족'과 '아들이 없어 괴롭힘을 당하던 한 여인'의 이야기를 대조한다. 하나님 백성의 이야기는 언제나 하나님의 이야기다. 한나의 괴로움은 이스라엘 백성의 괴로움이요, 고스란히 하나님의 괴로움이다. 한나는 이 괴로움을 '여호와 앞에 심정을 통한 기도'로 해소한다(15절). 여기서 '통하다'라는 말은 '쏟아부었다'라는 뜻으로 한나의 기도는 자신의 괴로움을 하나님께 쏟아 놓는 기도였다. 한나는 괴로움으로 기도하다가 '하나님께는 나보다 더 한 괴로움이 있으시다.'라는 사실을 발견한다. 나는 브닌나라는 대적에게 괴로움을 당하고, 이스라엘 백성은 이방 민족이라는 대적에게 괴로움을 당하는데, 하나님은 대적이 아니라 오히려 자기 백성에게 괴로움을 당하고 계셨던 것이다. 하나님도 한나처럼 하나님의 마음을 전할 아들이 하나 없으셨던 것이다. 그래서 한나의 괴로움의 기도의 결론이 '그럼 아들을 주시면 그 아들 하나님께 드릴께요.'라는 서원이 된 것이다.

|청년 자기 체크리스트|

아래의 체크리스트를 가지고 오늘 소그룹 모임에 임한 자신의 태도를 충분히 점검해 보라.

<table>
<tr><th colspan="2">점검 사항</th><th>5</th><th>4</th><th>3</th><th>2</th><th>1</th></tr>
<tr><td rowspan="6">준비 및 예습</td><td>본 과를 준비하면서 충분히 예습은 하였는가</td><td></td><td></td><td></td><td></td><td></td></tr>
<tr><td>각 과의 분명한 목적은 알고 모임에 임했는가?</td><td></td><td></td><td></td><td></td><td></td></tr>
<tr><td>성령께서 나를 만지시도록 기도로 준비하였는가?</td><td></td><td></td><td></td><td></td><td></td></tr>
<tr><td>소그룹원들을 위해서 중보하였는가?</td><td></td><td></td><td></td><td></td><td></td></tr>
<tr><td>리더를 위해서 중보하였는가?</td><td></td><td></td><td></td><td></td><td></td></tr>
<tr><td>나를 변화시키실 하나님을 기대하는 마음으로 임했는가?</td><td></td><td></td><td></td><td></td><td></td></tr>
<tr><td rowspan="7">참여 및 자세</td><td>적극적으로 질문과 대답에 참여했는가?</td><td></td><td></td><td></td><td></td><td></td></tr>
<tr><td>정직하게 자신을 오픈했는가?</td><td></td><td></td><td></td><td></td><td></td></tr>
<tr><td>지체들의 발표에 사랑하는 마음으로 공감적 경청을 하였는가?</td><td></td><td></td><td></td><td></td><td></td></tr>
<tr><td>모임 중 성령의 인도하심을 계속적으로 기도했는가?</td><td></td><td></td><td></td><td></td><td></td></tr>
<tr><td>하나님께서 원하시는 것이 무엇인지 분명히 알았는가?</td><td></td><td></td><td></td><td></td><td></td></tr>
<tr><td>발견된 진리를 삶과 인격에 적용하기로 결단했는가?</td><td></td><td></td><td></td><td></td><td></td></tr>
<tr><td>이번주에 중보할 지체를 발견했는가?</td><td></td><td></td><td></td><td></td><td></td></tr>
<tr><td rowspan="6">적용 및 결단</td><td>삶과 인격 변화를 위한 이번주 자신의 적용은 구체적인가?</td><td></td><td></td><td></td><td></td><td></td></tr>
<tr><td>배운 내용이 삶의 상황에 분명히 적용되었는가?</td><td></td><td></td><td></td><td></td><td></td></tr>
<tr><td>소그룹 모임에 대한 만족감이 있었는가?</td><td></td><td></td><td></td><td></td><td></td></tr>
<tr><td>배운 내용을 분명하게 정리했는가?</td><td></td><td></td><td></td><td></td><td></td></tr>
<tr><td>이번 과의 주제와 목적을 분명히 알게 되었는가?</td><td></td><td></td><td></td><td></td><td></td></tr>
<tr><td>삶과 인격의 변화를 위해 기도할 준비가 되어 있는가?</td><td></td><td></td><td></td><td></td><td></td></tr>
<tr><td>평가</td><td>이번주 총점</td><td></td><td></td><td></td><td></td><td></td></tr>
</table>

"그러므로 내 사랑하는 형제들아 견실하며 흔들리지 말고 항상 주의 일에 더욱 힘쓰는 자들이 되라 이는 너희 수고가 주 안에서 헛되지 않은 줄 앎이라" (고전 15:58)

- 이번주 생일자는?
- 다음주 청년부 행사는?
- 이번 달 암송 구절과 필독서는?
- 이번주 소그룹 특이 사항은?
- 다음주 전도할 대상은?

2과
엘리 앞에서 여호와 섬기기
사무엘상 2장 11절~3장 1절

존재가 존재 앞에 선다는 것은 그냥 서는 것이 아니다.
그 사람과의 관계, 추억, 사건 등을 등에 지고 서는 것이다.
그래서 그 사람 앞에 선다는 것은 모든 히스토리를 다 안고 직면한다는 말이다.
본문은 아이 사무엘이 당대 최고의 대제사장인
엘리 앞에 서 있다고 반복해서 소개한다.
사무엘서는 크게 한나, 사무엘, 사울, 다윗의 이야기로 구성된다.
2장 10절까지 한나의 이야기는 끝이 났다.
이제 사무엘의 이야기가 시작된다.
11절부터 3장 1절까지가 사무엘 이야기의 총론이다.
한나의 이야기처럼 엘리의 아들들과 엘가나의 아들을 세 번 대조함으로 시작한다.
이 총론의 앞뒤를 샌드위치처럼 쌓고 있는 말은
'아이 사무엘이 엘리 앞에서 여호와를 섬겼다'는 말이다(2:11,3:1).
성경이 이 장면을 통해 우리에게 말하고 싶은 것은 무엇일까?

말씀암송 | 마가복음 10장 45절

인자가 온 것은 섬김을 받으려 함이 아니라 도리어 섬기려 하고 자기 목숨을 많은 사람의 대속물로 주려 함이니라

|다가서기|

1. 누구 앞에 섰을 때 위축되고 작아지는 느낌을 받은 적이 있는가? 그 이유는 무엇이었는지 나누어 보라.

인도자가이드 |

만난다는 개념이 아니라 누구 앞에 선다는 인식 자체가 그 사람에 비해 내가 작고 부족하다는 사실을 전제한다. 오늘날로 하면 갑과 을의 관계에서 을은 항상 갑의 앞에 선다는 인식을 하게 된다. 이런 맥락으로 엘리라는 대제사장 앞에서 어린 아이라고 하는 사무엘이 어떻게 하나님을 섬겼는지를 생각해 보는 것이 의미가 있다.

|깊이보기| 사무엘상 2장 11절~3장 1절

'엘리 앞에서'라는 말은 영적으로 어두워 하나님의 말씀을 옳게 분별치 못하는 시대를 대변한다. 엘리의 시대는 우리의 시대를 방불케 한다. 도덕적으로, 영적으로 그리스도인들의 정체성이 흔들리는 시대다. 하나님의 말씀보다는 자기 기준으로 사는 것이 익숙하고, 그래서 교회도 세상으로부터 지탄의 소리를 듣는다. 말씀대로 살자고 하지만 말씀이 없고, 복음이 아니면 살 수 없다고 말하면서 복음이 뭔지 모른다. 이런 오늘날의 모습을 엘리가 대변하고 있는 것이다.

2. 사무엘서는 크게 네 개의 이야기로 구성된다(한나,사무엘,사울,다윗). 2장 11절부터 3장 1절까지는 사무엘 이야기의 총론으로 이 총론의 앞뒤를 쌓고 있는 주제는 무엇인가?(2:11,3:1)

말씀살피기

엘가나는 라마의 자기 집으로 돌아가고 그 아이는 제사장 엘리 앞에서 여호와를 섬기니라[삼상 2:11]

아이 사무엘이 엘리 앞에서 여호와를 섬길 때에는 여호와의 말씀이 희귀하여 이상이 흔히 보이지 않았더라[삼상 3:1]

인도자가이드 |

사무엘서 총론은 '아이 사무엘이 엘리 앞에서 여호와를 섬겼다.'라는 점이다. 타락한 제도적 제사장 앞에서 본질과 실제적인 교제를 경험한 아이 사무엘이 어떻게 하나님을 섬기게 되는지를 대조하여 설명하려고 하는 것이다.

3. 엘리 시대와 우리 시대의 유사점을 자기 말로 나누어 보라. 그렇게 생각하는 이유는 무엇인가?

인도자가이드 |

한국 교회도 이제 선교 100주년을 넘어가며 교회가 석화되기 시작했고, 제도화 되어가는 모습에, 본질과 하나님과의 교제를 상실해 가고 있다. 이런 시기에 아이 사무엘이 엘리 앞에서 하나님을 섬겼다는 주제는 한국 교회와 성도들이 회복해야 할 것이 무엇인지를 생각하게 한다.

4. 사무엘 이야기의 총론은 엘리의 아들들과 엘가나의 아들을 세 번 반복해서 대조함으로 어떻게 '엘리 시대와 같은 시대에서 하나님을 섬길 수 있을지'를 교훈한다. 그 첫 번째 대조는 무엇이며, 우리가 얻을 수 있는 교훈은 무엇인가?(12~21절)

죄의 □□(17절) vs 섬김의 □□(18,21절)

말씀살피기

이 소년들의 죄가 여호와 앞에 심히 큼은 그들이 여호와의 제사를 멸시함이었더라[삼상 2:17]

사무엘은 어렸을 때에 세마포 에봇을 입고 여호와 앞에서 섬겼더라[삼상 2:18]

여호와께서 한나를 돌보시사 그로 하여금 임신하여 세 아들과 두 딸을 낳게 하셨고 아이 사무엘은 여호와 앞에서 자라니라[삼상 2:21]

정답 : 자람, 엘리의 아들들은 '원하는 것이면 뭐든지'의 삶을 살면서 죄가 점점 자랐고, 엘가나의 아들, 사무엘은 '주어지는 것이면 뭐든지'의 삶으로 여호와를 섬김이 자랐다고 할 수 있다. 성경은 이 두 대조를 통해서 우리가 원하는 것이 아니라 하나님이 원하시는 것의 본질을 취해야 한다는 사실을 교훈한다.

5. 당신에게는 엘리의 아들들의 모습과 엘가나의 아들의 모습 중 어떤 것이 더 많은가? 내 속에는 어떤 것이 더 많이 자라 있는지 살피고, 그렇게 생각하는 이유는 무엇인지도 나누어 보라.

인도자가이드 |

내가 원하는 삶을 살고 있는지, 아니면 하나님이 원하시는 삶을 살고 있는지에 대한 질문이다. 하나님은 점점 제도권이 되어가는 한국 교회 안에서 당신의 종들을 하나님이 원하시는 삶을 사는 모습으로 훈련하시고, 세우기를 원하신다.

6. 사무엘 이야기의 두 번째 대조는 무엇인가?(22~26절) 엘리 앞과 같은 시대에 여호와를 섬기는 두 번째 방식은 무엇이라고 할 수 있는가?

죄를 □□(24,25절) vs 은총을 □□(26절)

말씀살피기

내 아들들아 그리하지 말라 내게 들리는 소문이 좋지 아니하니라 너희가 여호와의 백성으로 범죄하게 하는도다, 사람이 사람에게 범죄하면 하나님이 심판하시려니와 만일 사람이 여호와께 범죄하면 누가 그를 위하여 간구하겠느냐 하되 그들이 자기 아버지의 말을 듣지 아니하였으니 이는 여호와께서 그들을 죽이기로 뜻하셨음이더라[삼상 2:24,25]

아이 사무엘이 점점 자라매 여호와와 사람들에게 은총을 더욱 받더라[삼상 2:26]

정답 : 얻음, 엘리의 아들들은 하나님뿐만 아니라 사람들에게서 죄를 얻는 삶을 살았고, 엘가나의 아들은 하나님과 사람들에게서 은총(좋음)을 얻는 삶을 살았다. 내가 원하는 것을 좇아가면 죄를 얻게 되고, 하나님이 원하시는 것을 좇아가면 은총을 얻게 된다.

7. 제도권 아래에서 우리가 하나님을 섬기는 방법은 무엇이라고 생각하는가? 우리 속에 있는 것이 아니라 밖에서부터 주어지는 것으로 섬기는 삶은 어떻게 가능한지 나누어 보라.

인도자가이드 |

두 번째 하나님을 섬김은 은총을 얻음으로 섬기는 것이다. 은총을 얻는 방편은 말씀과 기도와 성례(세례와 성찬)라는 큰 범주 안에서 생각해 볼 수 있다. 나는 은총, 은혜를 얻는데 얼마나 노력하고 있는지, 그리고 그 방법은 무엇인지 각자 나누게 도우라.

8. 세 번째 대조는 무엇을 말하고 있는가?(2:37~3:1) 엘리 앞과 같은 시대에 여호와를 섬기는 세 번째 방식은 무엇인가?

여호와를 가볍게(멸시) □□(29,30절)

vs 여호와를 존중히 □□(35절)

말씀살피기

너희는 어찌하여 내가 내 처소에서 명령한 내 제물과 예물을 밟으며 네 아들들을 나보다 더 중히 여겨 내 백성 이스라엘이 드리는 가장 좋은 것으로 너희들을 살지게 하느냐[삼상 2:29]

그러므로 이스라엘의 하나님 나 여호와가 말하노라 내가 전에 네 집과 네 조상의 집이 내 앞에 영원히 행하리라 하였으나 이제 나 여호와가 말하노니 결단코 그렇게 하지 아니하리라 나를 존중히 여기는 자를 내가 존중히 여기고 나를 멸시하는 자를 내가 경멸하리라[삼상 2:30]

내가 나를 위하여 충실한 제사장을 일으키리니 그 사람은 내 마음, 내 뜻대로 행할 것이라 내가 그를 위하여 견고한 집을 세우리니 그가 나의 기름 부음을 받은 자 앞에서 영구히 행하리라[삼상 2:35]

정답 : 여김, 세 번째는 하나님을 어떻게 여기느냐에 대한 말씀이다. 엘리는 하나님께로부터 하나님보다 아들을 더 소중히 여긴다고 하는 경고를 받게 된다. 하나님보다 중하게 여기는 것을 내려놓아야 삶을 통해 여호와를 섬길 수 있다.

9. 당신이 가장 소중하게 여기는 것이 무엇인가? 그 이유는 무엇인가?

인도자가이드 |

각자에게는 소중히 여기는 것이 있다. 물질, 여친, 남친, 꿈, 공부, 이 모든 것들이 하나님과 겸하여 섬기는 것이 되어서는 안 된다. 이런 것들을 정직하게 고백하게 하고, 그 이유도 나누며 서로의 마음을 하나님께로 집중할 수 있도록 유도하라.

|다짐하기|

10. 엘리 앞과 같은 시대에 나는 어떻게 여호와를 섬길 수 있는지 구체적인 방법을 나누고, 한 주 동안의 실천 계획을 말해 보라.

인도자가이드 |

엘리 앞과 같은 시대는, 점점 석화되어가고, 형식화 되어가는 제도권 하의 교회의 모습을 상징한다. 신앙이 아니라 종교가 기준이 되는, 본질이 아니라 비본질이 기준이 되는 시대에 어떻게 신앙과 본질을 가지고 하나님을 섬길 수 있을지를 나누게 하고, 구체적으로 '자람'과 '얻음', '여김'의 차원에서 결단하게 도우라.

|관점얻기|

첫 번째 '자람(가달)'의 대조(12~21절)

엘리의 아들들은 행실이 나빴다(12절). 원문으로 보면, 이 말은 '베네 벨리야알'이다. '베네(벤)'는 '아들'이고, '벨리야알'은 '멸망, 파멸'이라는 뜻으로, '멸망의 아들들'이라는 뜻이다. 그들은 첫째는 하나님의 규정을 무시하고 제사 고기를 세 살 갈고리로 찔러 걸려 나오는 것은 뭐든지 자기가 가졌다. 둘째는 기름을 태워드리기 전에 날 것을 취했다(15,16절). 13절은 그들의 행동이 습관적으로 반복되었고, 16절은 억지로 빼앗았다는 사실을 시사한다. 한 마디로 하나님이 원하시는 것이 아니라 자기가 원하는 것을 제사에서 구했다는 말이다. 그래서 그들은 벨리야알, 멸망의 자식들이 된 것이다.

사무엘은 매년 지어다 주는 작은 겉옷에 만족하고 있다(18,19절). 그러니까 엘리의 아들들은 '원하는 것이면 뭐든지'의 삶을 살았지만, 사무엘은 '주어지는 것이면 뭐든지'의 삶을 살았다는 말이다. 이런 삶을 18, 21절은 '여호와 앞에서 자라는(가달) 삶'이라고 정의한다. 저자는 이 '자람'으로 둘을 대조한다. 엘리의 아들들은 17절에 '여호와 앞에 그들의 죄가 심히 큼, 곧 자랐고(가달)', 엘가나의 아들은 18,21절에 '여호와 앞에서 섬김이 자랐다(가달)'라고 대조한다. 첫 번째 대조를 통해 엘리 앞과 같은 시대에 하나님을 섬기는 방식은 여호와 앞에서 자라는 예배를 드리는 것이다. 이 자람으로서의 예배는 '우리가 원하는 것은 뭐든지'가 아니라 '주시는 것은 뭐든지'의 방식으로 예배를 드리는 것이다.

두 번째 '얻음'의 대조(22-26절)

사실 홉니와 비느하스에 대한 엘리의 경고는 심각했다. 한 마디로 정리하면 '백성으로 범죄케 하지 말고, 여호와께 범죄하지 말라.'라는 것이었다. 하지만 아들들은 듣지 않았다. 여호와께서 그들을 죽이기로 뜻하셨기 때문이다(25절). 내버려 두시는 것(유기)이 가장 큰 저주요, 이런 사람의 특징은 듣지 않는 것이다. 하지만 사무엘은 점점 자라매 여호와와 사람들에게 은총을 더욱 받았다(26절). 엘리의 아들들은 하나님과 사람들에게 죄를 얻었다. 하지만 엘가나의 아들은 하나님과 사람들에게 은총을 얻었다는 말이다. 여기서 '은총(토브)'은 '좋음'이다. 반면에 엘리의 아들들은 소문이 좋지 않았다(로 토브,24절). 엘리의 아들들은 하나님의 말씀을 듣지 않음으로 하나님과 사람들에게 '좋지 않음'이 되었다. 하지만 사무엘은 하나님의 말씀을 들음으로 하나님과 사람들에게 '좋음'이 되었다.

엘리 앞과 같은 시대에 우리는 은총 얻음이 필요하다. 사무엘은 키가 자라면서 은총도 더욱 자라갔다. 이것이 가장 이상적인 인간의 모습이다. 이 표현은 사무엘에게, 세례 요한에게, 그리고 예수님께도 사용되어진다. 우리는 하나님뿐만 아니라 사람들에게도 좋음(은총)을 얻는 삶을 살아야 한다. 하나님께로부터 얻은 은총은 반드시 사람으로부터도 '좋음'으로 여겨진다는 말이다. 엘리 앞과 같은 시대는 하나님의 말씀을 들음으로 하나님과 사람 모두에게 은총, 좋음을 얻음으로 여호와를 섬길 수 있다.

세 번째 '여김'의 대조(27~3장1절)

엘리 가문은 자정 능력을 상실했다. 그러자 하나님께서 하나님의 사람을 보내셔서 엘리에게 심판을 경고하신다(27절). 심판의 이유는 하나님은 가볍게 여기면서 아들들은 중하게 여긴(카바드) 것이다(29절). 심판의 기준은 여호와를 무겁게 여기는(카바드) 사람은 무겁게 여김 당하고, 가볍게 여기는 사람은 가볍게 여김 당하게 되는 것이다(30절). 심판의 결과는 엘리의 가문에 영원토록 노인이 없게 되는 것이다. 4장 18절에 보면, 엘리는 하나님의 궤가 빼겼다는 소식에 킷세(의자)에서 일어나다가 목이 부러져 죽는데, 그 이유를 '나이 많고 비대한(무거움, 카바드) 까닭'이라고 말한다. 결국 하나님보다 더 중히 여긴 아들들은 가볍게 여김 당했고, 스스로 중한 자가 된 엘리 역시 가볍게 여김 당한 것이다.

하지만 사무엘은 '충실한(네에만) 제사장'으로 세움 받게 된다(35절). 충실함은 하나님을 가장 중하게(무겁게) 여기는 사람이라는 말이다. 엘리와 사무엘은 하나님을 경히 여기는 자와 중히 여기는 자로 대조되고 있다. 하나님보다 무거운 것, 중요한 것이 결국은 우리 인생을 가볍게 만든다. 엘리의 앞과 같은 이 시대에 하나님을 중히 여기는 충실함이 필요하다.

|청년 자기 체크리스트|

아래의 체크리스트를 가지고 오늘 소그룹 모임에 임한 자신의 태도를 충분히 점검해 보라.

	점검 사항	5	4	3	2	1
준비 및 예습	본 과를 준비하면서 충분히 예습은 하였는가					
	각 과의 분명한 목적은 알고 모임에 임했는가?					
	성령께서 나를 만지시도록 기도로 준비하였는가?					
	소그룹원들을 위해서 중보하였는가?					
	리더를 위해서 중보하였는가?					
	나를 변화시키실 하나님을 기대하는 마음으로 임했는가?					
참여 및 자세	적극적으로 질문과 대답에 참여했는가?					
	정직하게 자신을 오픈했는가?					
	지체들의 발표에 사랑하는 마음으로 공감적 경청을 하였는가?					
	모임 중 성령의 인도하심을 계속적으로 기도했는가?					
	하나님께서 원하시는 것이 무엇인지 분명히 알았는가?					
	발견된 진리를 삶과 인격에 적용하기로 결단했는가?					
	이번주에 중보할 지체를 발견했는가?					
적용 및 결단	삶과 인격 변화를 위한 이번주 자신의 적용은 구체적인가?					
	배운 내용이 삶의 상황에 분명히 적용되었는가?					
	소그룹 모임에 대한 만족감이 있었는가?					
	배운 내용을 분명하게 정리했는가?					
	이번 과의 주제와 목적을 분명히 알게 되었는가?					
	삶과 인격의 변화를 위해 기도할 준비가 되어 있는가?					
평가	이번주 총점					

"그러므로 내 사랑하는 형제들아 견실하며 흔들리지 말고 항상 주의 일에 더욱 힘쓰는 자들이 되라 이는 너희 수고가 주 안에서 헛되지 않은 줄 앎이라" (고전 15:58)

- 이번주 생일자는?
- 다음주 청년부 행사는?
- 이번 달 암송 구절과 필독서는?
- 이번주 소그룹 특이 사항은?
- 다음주 전도할 대상은?

3과
회개 후의 삶의 기준

사무엘상 7장 3~17절

부흥은 누구에게나 설레는 주제다.
각박한 세상에서 그리스도인들이 이토록 부흥을 원하는 이유는
부흥이 하나님께서 약속하신 것이기 때문이다.
감정적인 개인의 문제와 현실적인 어려움을 극복하고
성경에 말하는 진정한 만족의 경지에 오르는 길이 부흥처럼 보인다.
하지만 사람들은 부흥을 너무 고대한 나머지,
'이렇게 하면 부흥된다.'라고 하면서 부흥 공식을 만들었다.
하지만 수적 성장이나 분위기 쇄신은 진정한 부흥이 아니다.
진정한 부흥(revival)과 부흥주의(revivalism)를
구분하는 통찰력은 부흥의 세대로 살아야 하는 우
리에게 꼭 필요한 안목이다.
그런 다음에 부흥을 기대할 수 있을 것이다.

말씀암송 | 하박국 3장 2절

여호와여 내가 주께 대한 소문을 듣고 놀랐나이다 여호와여 주는 주의 일을 이 수년 내에 부흥하게 하옵소서 이 수년 내에 나타내시옵소서 진노 중에라도 긍휼을 잊지 마옵소서

|다가서기|

1. 당신이 생각하는 부흥(revival)은 무엇인지 자신의 생각을 나누어 보라.

인도자가이드 |

흔히 부흥과 수적 성장을 혼돈하는 경우가 있고, 하나님이 주시는 부흥과 우리가 생각하는 부흥이 다른 경우를 점검할 수 있다. 부흥은 하나님께서 주시는, 하나님에 의한, 하나님만이 주도하시는 그런 것이다.

|깊이보기| 사무엘상 7장 3~17절

본문은 사무엘의 미스바 대각성 부흥 사건이다. 이 '부흥의 역사'를 이스라엘 온 족속이 여호와를 사모했다고 말한다(7:2). '사모했다'는 말은 '애통했다'는 말이다. 사무엘은 애통하는 이스라엘 백성들에 '여호와께로 돌아오는 것', 온전한 회개를 선포하고 있다. 20년 동안의 블레셋의 억압을 해결하는 길은 여호와께 돌아오는 것이다. 그 방법은 첫째는 이방신들을 제거하는 것이고, 둘째는 여호와만 섬기는 것이다.

2. 여호와께 돌아오는 첫 번째 방법인 '이방신들을 제거하는 것'은 어떤 것인가?(삼상7:3) 그 당시 시대 정신이었던 바알과 아스다롯 종교를 생각하면서 나누어 보라.

말씀살피기

사무엘이 이스라엘 온 족속에게 말하여 이르되 만일 너희가 전심으로 여호와께 돌아오려거든 이방 신들과 아스다롯을 너희 중에서 제거하고 너희 마음을 여호와께로 향하여 그만을 섬기라 그리하면 너희를 블레셋 사람의 손에서 건져내시리라[삼상 7:3]

인도자가이드 |

이 두 신은 농경사회에서의 축복인 풍요와 다산을 상징하는 신이다. 이 축복은 바알과 아스다롯의 성관계를 통해 주어지는 것이라고 믿었기 때문에 바알과 아스다롯이 성관계를 갖도록 자극하면 할수록 더 큰 축복을 받게 되는 것이었다. 그래서 남자들이 신전에 있는 여사제들과 성관계를 가지는 것이다. 이런 것이 보편화된 문화 속에서 이방신들을 제거하라는 말은 삶의 방식을 전환하라는 말이라고 할 수 있다.

3. 당신에게 있는 문화적이고 시대적인 이슈나 사고 중에 하나님의 방식과 다른 것이 있는가? 있다면, 그것은 무엇이고, 어째서 그렇게 생각하는지 나누어 보라.

인도자가이드 |

이 시대는 문화라고 하지만 사실은 엄밀히 말해 우상인 것이 많다. 명예와 물질, 시대적인 성문화의 와해 등은 문화도 아니고 우상도 아니고, 정확히는 죄다. 사람들은 죄라는 말보다 우상이라는 말을 더 선호하고, 우상이라는 말보다 문화라는 말을 더 선호한다. 우리 속에도 그런 포장이 없는지 점검해야 한다.

4. 백성들은 미스바에 모여 무엇을 하였는가? 이 행동의 의미는 무엇인가?(6절)

말씀살피기

그들이 미스바에 모여 물을 길어 여호와 앞에 붓고 그 날 종일 금식하고 거기에서 이르되 우리가 여호와께 범죄하였나이다 하니라 사무엘이 미스바에서 이스라엘 자손을 다스리니라[삼상 7:6]

인도자가이드 |

미스바에 모여 물을 길어 제단에 붓고, 종일 금식하며 회개하는 시간을 가진다. 물을 붓는 행위는 일종의 회개를 의미한다.

5. 사무엘이 백성들을 소집했던 미스바는 구속사적으로 중요한 장소다(출19장, 수24장). 이 두 모임의 성격을 통해 알 수 있는 미스바 회집의 성격은 무엇인가?

인도자가이드 |

사무엘 이전 역사에서 백성들을 소집한 경우는 두 번이다. 첫 번째는 출애굽기 19장에서 모세가 출애굽한 백성들을 시내산에 소집한 경우다. 여기서 하나님만을 섬기겠다는 언약을 체결했다. 두 번째 소집은 여호수아 24장에서 여호수아가 죽기 직전에 세겜에 소집한 경우다. 여기서는 맺었던 언약을 갱신한다. 미스바의 소집도 언약 갱신의 의미를 가진다.

6. 백성들이 회개했음에도 불구하고 블레셋이 다시 쳐들어 왔다(7절). 회개 이후의 백성들의 모습은 똑같은 문제(블레셋) 앞에 어떻게 달라졌는가?(4장3절 vs 7장8절)

말씀살피기

백성이 진영으로 돌아오매 이스라엘 장로들이 이르되 여호와께서 어찌하여 우리에게 오늘 블레셋 사람들 앞에 패하게 하셨는고 여호와의 언약궤를 실로에서 우리에게로 가져다가 우리 중에 있게 하여 그것으로 우리를 우리 원수들의 손에서 구원하게 하자 하니[삼상 4:3]

이스라엘 자손이 사무엘에게 이르되 당신은 우리를 위하여 우리 하나님 여호와께 쉬지 말고 부르짖어 우리를 블레셋 사람들의 손에서 구원하시게 하소서 하니[삼상 7:8]

인도자가이드 |

회개 전에는 하나님의 임재의 상징인 법궤를 이용하려고 했다. 하지만 회개 후에 그들은 하나님 앞에 부르짖어 하나님의 도우심과 구원을 얻기를 원하는 모습이 된다. 하나님을 이용하는 모습에서 하나님을 의지하는 모습으로 바뀐 것이다.

7. 본문에서 우리가 얻을 수 있는 회개 이후의 삶의 기준은 무엇인가? 이스라엘 백성들의 모습을 보고, 신앙과 실제 삶의 균형이 어떻게 이루어져야 하는지 빈칸을 채워보라.

① 진정한 □□은 눈에 보이지 않는다.

② 실제의 삶에 우리의 □□이 있다.

③ 기도는 개인의 문제뿐만 아니라 □□인 문제에도 필요하다.

실존	믿음	역할	사랑	공적	소망

정답 : 실존, 역할, 공적, 관점얻기를 통해 회개 이후의 삶의 기준을 정리해 보라. 진정한 실존은 눈에 보이지 않는다는 말은 우리를 움직이는 실제적인 힘은 하나님께 있다는 말이고, 회개 후에는 우리가 노력해야 하는 역할이 있으며, 기도는 공적인 문제에도 필요하며, 응답되는 것이라는 사실을 묵상할 필요가 있다.

8. 당신의 회개 후의 삶은 어떤지 솔직하게 말해 보라. 부족한 부분이 있다면 고백함으로 기도를 부탁하고, 잘하는 부분이 있다면 공개하여 격려받는 시간을 가지라.

인도자가이드 |

회개 후의 삶은 모든 죄를 용서받았다는 담대함이 전제된 삶이다. 그래서 부끄럽지 않은 삶, 숨기지 않는 삶을 살아야 한다. 성실하게 경건을 유지하려고 몸부림치지만, 온전하지 못해도 괜찮다. 다시 회개의 길이 열려 있고, 결국은 온전히 거룩해질 것이기 때문이다. 다만 포기하지 않고 계속하는 것이 필요하다.

9. 회개 후의 두 번째 삶의 기준은 '하나님의 다스림을 기억하는 것'이라고 정의해 보자. 이것은 무엇을 의미하는지 '여기까지 도우셨다.'라고 하는 '에벤에셀'을 통해 그 세 가지 의미를 정리해 보라(12절).

① 실패한 자리에서 □□□을 기억하는 것이다.
② □□까지 돌이키셨음을 기억하는 것이다.
③ 하나님이 □ 하셨음을 기억하는 것이다.

도우심	끝내심	마음	정신	총	다

말씀살피기

사무엘이 돌을 취하여 미스바와 센 사이에 세워 이르되 여호와께서 여기까지 우리를 도우셨다 하고 그 이름을 에벤에셀이라 하니라[삼상 7:12]

정답 : 도우심, 마음, 다, 회개 후의 우리의 삶은 우리의 노력이 아니라 하나님의 도우심으로 승리할 수 있다는 사실을 기억하는 것이다. 외형적인 문제뿐만 아니라 우리의 내적 문제까지 주님이 도우심으로 승리할 수 있음을 믿어야 한다.

|다짐하기|

10. 회개 후의 삶의 두 가지 기준 중에 나에게 부족한 것이 무엇인지 나누고, 그 부분을 회복하기 위한 구체적인 실천 사항을 정해 나누어 보라.

인도자가이드 |

첫 번째는 신앙과 실제적 삶의 균형이고, 두 번째는 하나님의 다스림을 기억하는 것이다. 삶의 균형을 위해서 필요한 우리의 역할 중에 기도와 말씀, 특히 회개와 같은 결단이 필요하고, 기억하는 일을 위해서는 말씀을 읽고 기억하고, 기도의 제목을 기억함으로 실제로 주님이 도우심을 경험하는 것이 필요할 것이다.

|관점얻기|

참 회개의 방법

당시 가나안의 신인 바알과 아스다롯은 농경사회에서 모두가 바라는 축복인 풍요와 다산을 상징하는 신이다. 이들의 축복을 받으려면 바알과 아스다롯이 성관계를 갖도록 자극하면 된다. 그래서 남자들이 신전에 있는 여사제들과 성관계를 가지는 것이다. 그 모습이 자극적이면 자극적일수록 바알과 아스다롯이 더한 풍요를 준다고 믿었다. 인간의 욕망과 신앙이 절묘하게 어우러져 있는 종교, 인간의 죄성이 결코 정죄당하지 않는 종교, 얼마나 매력적인가? 이런 이방신들을 제거하라는 말은 삶의 방식을 전환하라는 말이다. 내가 원하는 것을 얻기 위해 하나님을 이용하던 삶을 청산하는 것이다. 복을 받고 싶어서 하나님을 이용하는 것인지 아니면 정말로 복을 주실 수 있는 분은 하나님뿐임을 믿음으로 하나님을 의지하는 것인지 자문하라는 것이다. 이 시대를 사는 우리에게도 사무엘은 '이방신들을 버리라, 하나님을 이용하지 말고 의지하라.'라고 말한다. 사무엘의 이 회개를 위한 설교는 고스란히 예수님의 첫 설교가 된다. '천국이 가까웠으니 회개하고 구원을 얻으라' 이것이 회복의 대전제다. 회개할 때 회복이 주어진다. 회복은 삶의 방식을 바꾸는 것이다. 하나님을 이용하지 말고 하나님을 의지하는 것이다.

회개 후에 일어난 일

미스바는 구속사적으로 중요한 의미가 있다. 사무엘 이전 이스라엘 역사에서 백성들을 소집한 경우는 두 번이 더 있다. 첫 번째 소집은 출애굽기 19장에서 모세가 출애굽한 백성들을 시내산에 소집한 경우다. 하나님의 율법을 선포하고 하나님의 백성이 되는 언약 체결이었다. 두 번째 소집된 것이 여호수아 24장에서 여호수아가 죽기 직전에 세겜에 소집한 경우다. 여기서 여호수아는 복과 저주를 앞에 놓고 '하나님을 섬길지 말지를 선택하라.'라고 하면서 언약을 갱신한다. 세 번째 소집이 본문의 미스바 소집이다. 미스바의 소집 역시 '언약 갱신'의 성격이 있다. 핵심은 하나님만을 섬기는 것이다.

백성들은 여기서 여호와 앞에 물을 붓고, 금식하며, 회개했다(6절). 물을 붓는 것은 회개의 표현으로 구원을 사모한다는 의미다. 하지만 다시 블레셋이 쳐들어왔다. 그러나 백성들의 반응이 전과는 달라졌다. 하나님께 간구하고 있다(8절). 삶의 방식이 완전히 달라졌다. 문제는 동일한데 반응이 달라졌다. 블레셋을 다시 쳐들어오게 하신 것은 테스트다. 복 받기 위해서 또 회개라는 도구를 사용하고 있는 것인지, 정말 회개한 것인지 테스트하신 것이다. 이에 사무엘은 젖 먹는 어린양 하나를 가져다가 온전한 번제를 드렸고, 여호와께 부르짖었더니, 여호와께서 블레셋을 쳐서 섬멸하는 승리를 거두게 하셨다(9~11절). 이것은 우리가 부르짖을 때 응답하신다는 하나님과 백성의 언약을 상징적으로 묘사한 것이다.

첫 번째 회개 후의 삶의 기준, 신앙과 실존의 균형

진정한 회개는 신앙과 실존의 문제를 함께 다루는 삶의 방식이다. 회개 후 우리의 삶은 신앙과 실존의 균형으로 이어져야 한다. 이런 균형에는 세 가지 주의할 점이 있다. 첫 번째는 진정한 실존은 눈에 보이지 않는다는 점이다. 진짜 실존은 하나님이 다스리신다는 것이다. 두 번째는 그럼에도 불구하고 실제의 삶에 우리의 역할이 있다는 점이다. 우레를 주신 하나님은 백성들 역시 블레셋을 추격하여 그들을 치는 역할을 수행하기 원하셨다. 성숙한 신앙은 최우선적으로 간절히 기도하지만 자신의 역할에도 최선을 다하는 균형잡힌 신앙이다. 세 번째, 기도는 개인의 문제뿐 아니라 공적인 문제에도 유효하다는 점이다. 공적인 문제도 하나님께 기도하는 것이 답이다.

두 번째 회개 후 삶의 기준, 하나님의 다스림을 기억하는 것

승리 돌을 세워서 '여호와께서 여기까지 도우셨다'는 의미에서 '에벤에셀'이라고 명명했다(12절). 15~17절까지는 '사무엘이 다스렸다'는 말을 세 번이나 반복하고 17절 마지막에는 사무엘이 '제단을 쌓았다'는 말로 끝을 맺는다. 이 말은 사무엘이 아니라 하나님이 이스라엘을 다스리심을 기억토록 했다는 말이다. 이것이 회개 후의 두 번째 삶의 기준이다. '여기까지 도우셨다'는 도움의 돌을 통해 하나님의 다스림을 기억한다는 말에는 세 가지의 의미가 있다. 첫 번째는 실패한 자리에서 도우심을 기억하는 것이다. 4장에 보면, 에벤에셀은 이스라엘이 실패한 자리다. 하나님의 다스림이란 우리가 넘어진 자리, 걸려 쓰러진 자리에서 우리를 도우심이다. 그분을 이용하지 않고 의지하는 삶으로 돌아설 때 그렇게 도우신다. 두 번째는 마음까지 돌이키셨음을 기억하는 것이다. 이스라엘 백성들이 스스로 마음을 돌이킨 것이 아니라 하나님께서 돌이키신 것이다. 세 번째는 하나님이 다 하셨음을 기억하는 것이다. 벧갈 아래까지 추격하여 블레셋을 격파한 것은 백성들이 용맹해서가 아니라 하나님께서 도우셨기 때문이다.

|청년 자기 체크리스트|

아래의 체크리스트를 가지고 오늘 소그룹 모임에 임한 자신의 태도를 충분히 점검해 보라.

점검 사항		5	4	3	2	1
준비 및 예습	본 과를 준비하면서 충분히 예습은 하였는가					
	각 과의 분명한 목적은 알고 모임에 임했는가?					
	성령께서 나를 만지시도록 기도로 준비하였는가?					
	소그룹원들을 위해서 중보하였는가?					
	리더를 위해서 중보하였는가?					
	나를 변화시키실 하나님을 기대하는 마음으로 임했는가?					
참여 및 자세	적극적으로 질문과 대답에 참여했는가?					
	정직하게 자신을 오픈했는가?					
	지체들의 발표에 사랑하는 마음으로 공감적 경청을 하였는가?					
	모임 중 성령의 인도하심을 계속적으로 기도했는가?					
	하나님께서 원하시는 것이 무엇인지 분명히 알았는가?					
	발견된 진리를 삶과 인격에 적용하기로 결단했는가?					
	이번주에 중보할 지체를 발견했는가?					
적용 및 결단	삶과 인격 변화를 위한 이번주 자신의 적용은 구체적인가?					
	배운 내용이 삶의 상황에 분명히 적용되었는가?					
	소그룹 모임에 대한 만족감이 있었는가?					
	배운 내용을 분명하게 정리했는가?					
	이번 과의 주제와 목적을 분명히 알게 되었는가?					
	삶과 인격의 변화를 위해 기도할 준비가 되어 있는가?					
평가	이번주 총점					

"그러므로 내 사랑하는 형제들아 견실하며 흔들리지 말고 항상 주의 일에 더욱 힘쓰는 자들이 되라 이는 너희 수고가 주 안에서 헛되지 않은 줄 앎이라" (고전 15:58)

- 이번주 생일자는?
- 다음주 청년부 행사는?
- 이번 달 암송 구절과 필독서는?
- 이번주 소그룹 특이 사항은?
- 다음주 전도할 대상은?

4과
하나님 마음이 있는 곳

사무엘상 9장 1~16절

우리는 맘대로 안되는 세상에 산다.

그래서 마음대로 할 수 있다면 얼마나 좋을까 싶을 때가 많다.

하지만 생각해 보면 이 말만큼 애매한 말도 없다.

왜냐하면 마음대로 하는 것은 상황에 따라 결과가 다르기 때문이다.

세상에서 가장 듣고 싶은 말이 '마음대로 해.'이지만,

사실 현실에서는 가장 무서운 말이 '마음대로 해.'가 되기도 한다.

마음이란 선호가 아니라 상황과 타인의 기분과 결과까지

다 파악해야 하는 일종의 리모컨 같다.

잘못 틀면 재앙이 될 수도 있고, 돌이킬 수 없기 때문이다.

우리의 마음은 선을 지향하지도, 그렇다고 줄곧 악을 지향하지도 않는다. 이 채널, 저 채널을 왔다갔다 한다. 그래서 위험한 것이다. 그런 우리에게 '마음대로 해.'라는 말은 재앙이나 다름이 없다. 하지만 하나님께는 이것만큼 듬직하고 믿을만한 말도 없다.

하나님의 마음은 언제나 옳고 선하시기 때문이다.

하나님의 마음은 무엇이고,

하나님의 마음을 아는 것은 우리에게 어떤 영향을 줄지 생각해 보자.

말씀암송 | 시편 19편 14절

나의 반석이시요 나의 구속자이신 여호와여 내 입의 말과 마음의 묵상이 주님 앞에 열납되기를 원하나이다

|다가서기|

1. 당신이 마음대로 할 수 있다면 지금 무엇을 하고 싶은지 정하고, 그 이유를 재미있게 나누어 보라.

첫 번째 하고 싶은 것	두 번째 하고 싶은 것	세 번째 하고 싶은 것

인도자가이드 |

각자의 마음을 솔직하고 재미있게 나누고, 리더는 그것을 하고 싶은 이유가 무엇인지 유심히 관찰하여 기도의 제목과 학습의 효과를 높이도록 하자.

|깊이보기| 사무엘상 9장 1~16절

사무엘서는 한나의 이야기, 사무엘의 이야기, 사울의 이야기, 다윗의 이야기로 구성된다. 본문부터 시작되는 사울의 이야기는 9~11장까지는 선택되는 이야기고, 13~15장까지는 버림받는 이야기로 이루어진다. 그사이에 끼어 있는 12장은 사무엘의 고별 설교다. 사울의 이야기는 사무엘이 역사의 무대 뒤로 사라지자 사울이 버림받게 되었다는 메시지를 담고 있다.

2. 왕으로 선택된 사울에 대해 성경은 어떻게 기록하고 있는지 자신의 말로 정리해 보라(삼상9:1,2,3,5).

말씀살피기

베냐민 지파에 기스라 이름하는 유력한 사람이 있으니 그는 아비엘의 아들이요 스롤의 손자요 베고랏의 증손이요 아비아의 현손이며 베냐민 사람이더라, 기스에게 아들이 있으니 그의 이름은 사울이요 준수한 소년이라 이스라엘 자손 중에 그보다 더 준수한 자가 없고 키는 모든 백성보다 어깨 위만큼 더 컸더라, 사울의 아버지 기스가 암나귀들을 잃고 그의 아들 사울에게 이르되 너는 일어나 한 사환을 데리고 가서 암나귀들을 찾으라 하매[삼상 9:1,2,3]

그들이 숩 땅에 이른 때에 사울이 함께 가던 사환에게 이르되 돌아가자 내 아버지께서 암나귀 생각은 고사하고 우리를 위하여 걱정하실까 두려워하노라 하니[삼상 9:5]

인도자가이드 I

유력한 사람 기스의 아들로, 키가 온 백성보다 어깨 위나 더 컸던 준수한(토브) 청년이었다. 아버지 기스는 잃은 암나귀들을 사울에게 찾아오라고 맡겼고, 시간이 오래 걸리자 사울은 아버지를 걱정하는 효자였다.

3. 사울의 이야기가 던져 주는 세 가지 교훈을 묵상해 보자(관점얻기 참조). 그중에 첫 번째는 '우리는 무엇으로 쓰임받는가?' 하는 것이다. 결국 사울이 쓰임 받지 못한 이유는 무엇이라고 생각하는가?(삼상15:17,19)

말씀살피기

사무엘이 이르되 왕이 스스로 작게 여길 그 때에 이스라엘 지파의 머리가 되지 아니하셨나이까 여호와께서 왕에게 기름을 부어 이스라엘 왕을 삼으시고[삼상 15:17]

어찌하여 왕이 여호와의 목소리를 청종하지 아니하고 탈취하기에만 급하여 여호와께서 악하게 여기시는 일을 행하였나이까[삼상 15:19]

인도자가이드 |

사울이 하나님께 쓰임 받을 때는 스스로 작게 여길 때였다. 하지만 버림받은 이유는 하나님의 말씀을 청종하지 않고 불순종할 때다. 하나님의 말씀 앞에 순종하는 겸손이 우리로 하여금 하나님께 쓰임 받게 한다.

4. 당신은 하나님께서 쓰시는 사람인가? 하나님은 당신을 향해 어떤 마음을 가지고 계실지 나누어 보라. 그렇게 생각하는 이유는 무엇인가?

인도자가이드 |

하나님이 쓰시든 쓰시지 않든 하나님의 마음은 우리를 향한 끝없는 사랑이다. 인간적인 계산이나 인과응보의 원칙에 따라 하나님의 마음을 헤아리는 신앙인이 많음을 주지시키고, 우리를 향한 하나님의 진실된 마음을 서로 나누면 좋을 것이다.

5. 사울의 이야기에서 두 번째 생각해 볼 수 있는 것은 '하나님의 섭리가 무엇인가?' 하는 것이다. 사울이 사무엘을 만나 결국 왕으로 기름 부음 받는 과정을 보면서 하나님의 섭리를 정의해 보라(3~14절).

인도자가이드 |

사울은 아버지의 명을 받고 암나귀를 찾기 위해 3일을 헤매지만, 암나귀들을 찾을 수 없자 포기해 버린다. 하지만 그의 종이 사무엘에게 찾아가자고 제안하게 되고, 마침 주머니에 예물로 드릴 돈도 있었다. 가는 길에 소녀들을 만나 상세하게 설명을 듣고, 마침 오늘이 산당 제사가 있는 날인 것을 알게 된다. 그리고 가다가 놀랍게도 사무엘을 만난다. 이것이 하나님의 섭리다. 하나님의 섭리는 일상 속에 숨어 있다.

6. 당신의 어려움과 곤란함 등도 하나님의 섭리 안에 있음을 믿는가? 그렇지 못하다면 그 이유는 무엇인가?

인도자가이드 |

하나님의 섭리를 생각할 때 사람들은 특별한 것, 우연한 것, 신기한 것 위주로 생각한다. 하지만 오늘 하루 아무 일 없이 학교를 가고, 직장을 가고, 자고 먹고 사는 것도 하나님의 주도면밀한 섭리임을 기억해야 한다.

7. 사울을 왕으로 세우는 이야기의 세 번째 교훈은 '하나님의 마음은 어디에 있는가?' 하는 것이다. 16절의 말씀에 반복되는 단어를 찾아보고, 하나님의 마음이 어디에 있는지 나누어 보라.

말씀살피기

내일 이맘 때에 내가 베냐민 땅에서 한 사람을 네게로 보내리니 너는 그에게 기름을 부어 내 백성 이스라엘의 지도자로 삼으라 그가 내 백성을 블레셋 사람들의 손에서 구원하리라 내 백성의 부르짖음이 내게 상달되었으므로 내가 그들을 돌보았노라 하셨더니[삼상 9:16]

인도자가이드 |

16절에서 세 번 반복되는 단어는 '내 백성'이라는 말이다. 하나님은 사무엘에게 왕을 세우기를 원하면서 계속해서 백성을 말씀하신다. 기름 부음 받은 백성의 지도자여야 하고, 하나님의 백성을 구원하는 역할을 맡아, 백성의 부르짖음에 대한 응답으로 세워진 자가 바로 왕이다. 하나님의 마음은 절대적으로 백성에게 있다.

8. 하나님의 마음은 항상 하나님의 백성에게 가 있으시다. 당신은 하나님의 백성인가? 그렇다면, 반대로 그렇지 않다고 느낀다면 그 이유는 무엇인지 나누어 보라.

인도자가이드 |

우리가 하나님의 백성이라면, 우리의 모습을 돌아봐야 한다. 하나님은 내 생각, 내 말, 내 행동에 어떤 마음을 가지실지 생각하도록 유도하라.

9. 당신을 향한 하나님의 마음이란 어떤 것인가? 그렇게 생각하는 이유를 말하면서 하나님은 나에게 어떤 분이신지 소개하는 시간을 가져보라.

인도자가이드 |

나를 향한 하나님의 마음을 생각해보는 것은 너무나 중요하다. 어떤 사람은 하나님의 변하지 않는 사랑에 초점을 맞출 것이고, 어떤 사람은 자신의 행위에 초점을 맞출 것이다. 하나님은 우리의 행위에 따라 마음이 변하는 분이 아니시다. 당신의 약속에 따라 행하시는 분이시다. 그러므로 하나님의 약속의 말씀을 붙들고 사는 것이 중요하다.

|다짐하기|

10. 하나님의 마음은 줄곧 나에게 있음을 기억함으로 이번 한 주 하나님께 감사의 편지를 쓰고, 소그룹원들에게 공유해 보라.

인도자가이드 |

하나님의 마음을 아는 것으로 그치지 않고, 하나님의 그 마음에 반응하도록 하는 훈련은 유치한 것 같지만 신앙의 실제적 삶에 매우 중요한 연습이다. 진지하게 임하도록 하는 것이 관건이다.

|관점얻기|

하나님께 쓰임 받는 것

사무엘서의 네 개의 이야기 중 사울의 이야기는 사무엘이 역사의 무대 뒤로 사라지자 사울이 버림받게 되는 구조를 띤다. 9장은 이 왕정 정치를 시행할 이스라엘의 첫 왕 사울을 소개한다. 사울의 이야기가 시사하는 첫 번째 주제는 '우리는 무엇으로 하나님께 쓰임 받는가?' 하는 부분이다. 성경은 사울을 긍정적 이미지와 부정적 이미지라는 이중적 이미지로 소개한다. 긍정적 이미지로는 사울이 얼마나 왕으로 세우기 괜찮은 사람인지를 말한다. 유력한 사람 기스의 아들로(1절), "준수한(토브) 소년"이었다(2절). 암나귀를 찾아오라는 아버지에게 순종하는 아들이었고, 40km나 되는 거리를 샅샅이 찾을 만큼 성실했다. 아버지의 걱정을 염려하는 효자이기까지 했다(5절). 하지만 부정적인 복선도 깔려 있다. 키가 컸다는 말은 외모를 뜻하며, 이방인들의 왕을 세우는 기준에 부합했다는 뉘앙스를 던져 준다(Bergen). 사울은 암나귀들을 결국 찾지 못했다. 하나님의 사람에게 찾아갈 생각도 자신이 아니라 사환의 생각이었다. 돈이 있어야 도움을 구할 수 있다는 사고가 있었다. 이렇게 이중적으로 소개하는 이유는 처음부터 버리려고 세운 것은 아니라는 말이다. 우리는 우리의 자질이나 실력으로 쓰임 받는 것이 아니라 순종으로 쓰임 받는다는 사실을 부각하기 위해서다.

하나님의 섭리

두 번째 생각해 볼 것은 '하나님의 섭리란 무엇인가?' 하는 것이다. 사울이 사무엘을 만나게 되는 과정은 우연이 아니라 일상 속에 숨어 있는 하나님의 섭리를 드러낸다. 마침 돈이 있었던 것도, 마침 소녀들을 만난 것도, 마침 산당 제사가 있는 날인 것도, 마침 사무엘을 만난 것도 다 섭리다. 하지만 암나귀를 찾아 고생하며 헤맨 것도 섭리다. 도저히 찾을 수 없어 포기한 것도 섭리다. 우리의 인생 다반사는 하나님의 섭리 속에 있다. 비록 지금이 고난의 삶이라도 우리는 하나님 섭리 안에 있다는 사실을 잊지 말아야 한다. 그러니 어떤 조언을 들어야 할지 모를 때, 도대체 뭘 해야 할지 모를 때 그분을 높이는 일에 최선을 다하라. 그러면 내 인생 내가 몰라도, 하나님의 섭리 안에서 가고 있었음을 언젠가 알게 될 것이다.

하나님의 마음

세 번째는 '하나님의 마음은 어디에 있는가?'에 대한 교훈이다. 16절에 소개되는 왕은 크게 세 가지 모습이다. 기름 부음 받은 백성의 지도자여야 하고, 역할은 하나님의 백성을 구원하는 것이다. 백성의 부르짖음에 대한 응답으로 세워진 사람이다. 16절에서 세 번 반복하는 말은 '내 백성'이라는 말이다. 하나님께서 왕을 세우신 이유는 한마디로 '백성' 때문이다. 하나님의 마음은 절대적으로 백성에게 있다. 백성 때문에 왕을 세우신 것이지 왕을 위해 백성이 있는 것이 아니다. 이 구조는 애굽 땅에 있는 백성들을 위해 모세를 세우실 때도 동일하게 사용하신 구조다. 모세가 아니라 백성이다. 그렇다면 오늘날 하나님의 나라를 상징하는 교회에서 가장 중요한 사람은 누구인가? 백성이다. 교회의 모든 리더는 나를 리더로 세우신 이유가 하나님의 백성 때문임을 잊지 말아야 한다. 내가 주인공이 아니다. 이것이 하나님이 세우고 싶은 리더의 모습이다.

|청년 자기 체크리스트|

아래의 체크리스트를 가지고 오늘 소그룹 모임에 임한 자신의 태도를 충분히 점검해 보라.

점검 사항		5	4	3	2	1
준비 및 예습	본 과를 준비하면서 충분히 예습은 하였는가					
	각 과의 분명한 목적은 알고 모임에 임했는가?					
	성령께서 나를 만지시도록 기도로 준비하였는가?					
	소그룹원들을 위해서 중보하였는가?					
	리더를 위해서 중보하였는가?					
	나를 변화시키실 하나님을 기대하는 마음으로 임했는가?					
참여 및 자세	적극적으로 질문과 대답에 참여했는가?					
	정직하게 자신을 오픈했는가?					
	지체들의 발표에 사랑하는 마음으로 공감적 경청을 하였는가?					
	모임 중 성령의 인도하심을 계속적으로 기도했는가?					
	하나님께서 원하시는 것이 무엇인지 분명히 알았는가?					
	발견된 진리를 삶과 인격에 적용하기로 결단했는가?					
	이번주에 중보할 지체를 발견했는가?					
적용 및 결단	삶과 인격 변화를 위한 이번주 자신의 적용은 구체적인가?					
	배운 내용이 삶의 상황에 분명히 적용되었는가?					
	소그룹 모임에 대한 만족감이 있었는가?					
	배운 내용을 분명하게 정리했는가?					
	이번 과의 주제와 목적을 분명히 알게 되었는가?					
	삶과 인격의 변화를 위해 기도할 준비가 되어 있는가?					
평가	이번주 총점					

"그러므로 내 사랑하는 형제들아 견실하며 흔들리지 말고 항상 주의 일에 더욱 힘쓰는 자들이 되라 이는 너희 수고가 주 안에서 헛되지 않은 줄 앎이라" (고전 15:58)

- 이번주 생일자는?
- 다음주 청년부 행사는?
- 이번 달 암송 구절과 필독서는?
- 이번주 소그룹 특이 사항은?
- 다음주 전도할 대상은?

5과
마음 훈련

사무엘상 16장 1~23절

사무엘상 16장의 이야기는
하나님께서 다윗의 인생을 만들어가고 계시는 이야기다.
하나님께서는 아무도 주목하지 않던 양치는 목동 소년을
이스라엘의 목자로 만들어가시는 과정을 우리에게 보여 주신다.
이 과정이 우리의 인생을 만들어 가시는 과정이라고 말씀하신다.
다윗은 본문에서 왕으로서 기름부음을 받는다.
하지만 바로 왕이 된 것이 아니다.
사무엘하 2장에 가서야 즉위하게 되는데,
그때까지 하나님은 다윗을 훈련하신 것이다.
하나님은 다윗의 인생 수업을 크게 세 가지 관점으로 진행하신다.
그것을 본문에서는 '보신다.'라는 말로 설명한다.
우리 인생 수업도 똑같다는 사실을 기억하며
하나님은 나의 인생 수업을 위해 무엇을 보시며 훈련하시는지
확인해 보자.

말씀암송 | 시편 28편 7절

여호와는 나의 힘과 나의 방패이시니 내 마음이 그를 의지하여 도움을 얻었도다
그러므로 내 마음이 크게 기뻐하며 내 노래로 그를 찬송하리로다

|다가서기|

1. 당신의 삶의 기쁨과 아픔을 한 가지씩 나누어 보라. 그것이 삶에 어떤 의미인지 진솔하게 이야기해 보라.

인도자가이드 |

삶의 기쁨과 아픔은 삶을 성숙시키고 배우게 하는 가장 중요한 도구가 된다. 실연의 경험이 있는 사람은 사랑할 줄 알게 되고, 기쁨을 아는 자는 인생의 낙을 알아 남을 섬길 수 있는 사람이 된다.

|깊이보기| 사무엘상 16장 1~23절

본문은 하나님께서 다윗에게 기름을 부으셔서 왕으로서의 첫 발을 내딛게 하시는 장면이다. 하나님은 사울로 인해 슬퍼하는 사무엘에게 예비해 둔 이새의 아들에게 기름을 부으라고 명하신다. 가정에서도 인정 받지 못하던 다윗은 기름부음을 받고 하나님의 영에 감동된다. 하지만 사울은 악령에 의해 번뇌하게 된다. 신하들은 왕의 병을 위해 수금을 잘 타는 다윗을 데려오게 되고, 장차 왕이 될 다윗은 사울 앞에서 자라게 된다. 하지만 사무엘하 2장에 가서야 왕이 되는 다윗은 그동안 실질적으로는 사울 앞이었지만, 궁극적으로는 하나님 앞에서 왕이 되기 위한 마음 훈련을 받게 된다.

2. 다윗의 인생은 하나님이 만들어 가시는 과정이다. 이 과정에서 하나님은 다윗의 세 가지를 보셨다. 첫 번째는 다윗의 상처를 보셨다(11절,cf,시27:10). 다윗의 과거 상처는 어떤 것인지 생각해 보라.

말씀살피기

또 사무엘이 이새에게 이르되 네 아들들이 다 여기 있느냐 이새가 이르되 아직 막내가 남았는데 그는 양을 지키나이다 사무엘이 이새에게 이르되 사람을 보내어 그를 데려오라 그가 여기 오기까지는 우리가 식사 자리에 앉지 아니하겠노라[삼상 16:11]

내 부모는 나를 버렸으나 여호와는 나를 영접하시리이다[시 27:10]

인도자가이드 |

다윗의 마음 속에 있는 상처는 이새의 가정에서 아들 취급을 받지 못했다는 점에서 추측해 볼 수 있다. 11절의 '막내(카탄)'이라는 말은 '하찮은, 보잘 것 없는'이라는 뜻이다. 모든 아들을 사무엘에게 보여주는 상황에서도 소개되지 않는, 거의 종처럼 취급받았던 아들이라고 할 수 있다. 그래서 시편 27편 10절에 보면, 다윗이 "내 부모는 나를 버렸다."라고 말하는 것이다.

3. 당신에게 있는 과거의 상처를 하나님이 보고 계신다고 믿는가?(cf.시147:2,3) 그렇지 못하다면 그 이유는 무엇인가?

말씀살피기

여호와께서 예루살렘을 세우시며 이스라엘의 흩어진 자들을 모으시며, 상심한 자들을 고치시며 그들의 상처를 싸매시는도다[시 147:2,3]

인도자가이드 |

하나님은 상심한 자를 고치시며, 그들의 상처를 싸매신다는 말씀은 항상 우리의 상처에 관심이 많으시다는 점을 시사한다. 소그룹원들이 진지하게 자신의 상처에 대해서 나눌 수 있는 분위기를 유도하는 것이 중요하다.

4. 하나님께서 다윗의 인생 수업을 위해서 두 번째 보신 것은 무엇이라고 정의할 수 있겠는가?(21,23절)

말씀살피기

다윗이 사울에게 이르러 그 앞에 모셔 서매 사울이 그를 크게 사랑하여 자기의 무기를 드는 자로 삼고[삼상 16:21]

하나님께서 부리시는 악령이 사울에게 이를 때에 다윗이 수금을 들고 와서 손으로 탄즉 사울이 상쾌하여 낫고 악령이 그에게서 떠나더라[삼상 16:23]

인도자가이드 |

다윗은 사울을 모셔 섰다. 그리고 악령이 사울을 괴롭힐 때 성심껏 수금을 탔다. 다윗은 사울을 비방하거나 조롱하지 않았다. 건성으로 섬기지 않았다. 하나님은 다윗의 태도를 보고 계셨을 것이다.

5. 다윗을 통해서 배울 수 있는 '우리를 힘들게 하는 사람들에 대한 우리의 태도'는 어떤 것이라고 할 수 있겠는가?(cf.마7:12)

말씀살피기

그러므로 무엇이든지 남에게 대접을 받고자 하는 대로 너희도 남을 대접하라 이것이 율법이요 선지자니라[마 7:12]

인도자가이드 I

다윗은 사람 앞이 아니라 하나님 앞에서 사는 사람이다. 그래서 힘들게 하는 사람에게 부복하는 태도가 아니라 하나님께서 자기를 대해 주신 태도로 남을 대하고 있는 것이다. 대접받고자 하는 대로 대접하는 것은 하나님께서 대접해 주신 대로 남을 대하는 태도다.

6. 세 번째로 하나님께서 보신 것은 다윗의 무엇이라고 정의할 수 있겠는가?(7절)

말씀살피기

여호와께서 사무엘에게 이르시되 그의 용모와 키를 보지 말라 내가 이미 그를 버렸노라 내가 보는 것은 사람과 같지 아니하니 사람은 외모를 보거니와 나 여호와는 중심을 보느니라 하시더라[삼상 16:7]

인도자가이드 I

하나님은 다윗의 외모가 아니라 중심을 보고 계셨다. 하나님은 다윗의 중심에 무엇이 있는지 보시고 그를 훈련하신 것처럼, 우리의 중심에 있는 것을 보시고 우리를 훈련하신다.

7. 사무엘이 다윗을 보고 어떻게 묘사하고 있는가?(삼상16:12) 이 말은 아직 다윗의 마음속에 중심이 준비되어 있지 못하다는 뜻이다. 그래서 다윗은 중심을 준비하기 위해 어떤 시간을 보내게 되는가?

말씀살피기

이에 사람을 보내어 그를 데려오매 그의 빛이 붉고 눈이 빼어나고 얼굴이 아름답더라 여호와께서 이르시되 이가 그니 일어나 기름을 부으라 하시는지라[삼상 16:12]

인도자가이드 I

빛이 붉고 눈이 빼어나고 얼굴이 아름답다는 말은 아직 다윗의 중심이 준비되어 있지 못하다는 뜻이다. 그래서 다윗은 향후 10년 동안 사울에게 쫓기면서 광야에서 중심을 훈련받게 된다.

8. 당신에게는 하나님이 원하시는 중심이 준비되어 있는가? 그렇다면, 혹은 그렇지 않다면 그 이유는 무엇인가?

인도자가이드 I

하나님은 우리의 재주나 실력을 사용하시는 것이 아니다. 하나님은 우리의 중심을 사용하고 싶어 하신다. 그래서 하나님 앞에서 우리의 중심이 바르고 정직할 때 하나님은 당신의 일을 이루신다. 각자가 가지고 있는 생각이 정답이다. 부족한 부분을 서로 나누며 중보의 제목으로 삼으라.

9. 우리에게 다가오는 수많은 시련들을 아직 준비되어 있지 않은 나의 중심(마음)을 훈련하기 위한 하나님의 수업이라고 받아들일 수 있겠는가? 그렇지 못하다면 그 이유는 무엇인가?

인도자가이드 |

다윗이 중심을 훈련받기 위해 고난과 시련을 경험했던 것처럼 우리에게 다가오는 수많은 시련도 어쩌면 그런 훈련의 차원에서 허락되는 것일 수 있다. 다윗이 시련 중에 하나님께만 매달렸던 것처럼 우리도 하나님의 훈련 앞에서 하나님으로부터 도망하지 말고, 하나님께로 더 가까이 나아가야 한다.

|다짐하기|

10. 나를 힘들게 하는 사람이나 일들을 어떻게 영적으로 재해석할 수 있는지 나누고, 해결을 위해 구체적으로 실천할 수 있는 방법을 계획하여 나누어 보라.

인도자가이드 |

나에게 다가오는 시련을 하나님의 훈련으로 보는 영적 재해석이 필요하다. 그래야 현재를 믿음으로 살 수 있고, 미래를 믿음으로 소망할 수 있다. 구체적이고 실천 가능한 일들을 정하도록 도우라.

|관점얻기|

상처를 보신다.

하나님은 아직 역사에 등장하지 않은 다윗을 보고 계셨다(1절). 여기서 '보았다(라아)'라는 말은 '주목하다, 준비하다'라는 의미다. 그리고 '나를 위하여'라는 말이 생략되어 있다. 이미 하나님은 이스라엘 역사에 새로운 왕을 하나님 당신을 위하여 준비하고 계셨던 것이다. 아무도 주목하지 않아도 하나님 앞에서 사는 사람은 하나님이 보고 계신다. 그런데 다윗은 이새의 집에서 아들 중에 끼워주지도 않았을 정도로 홀대를 받고 있다. 11절의 '막내(카탄)'이라는 말은 '하찮은, 보잘 것 없는'이라는 뜻이다. 17장에 가면, 아버지의 심부름으로 맏형 엘리압의 안부를 물으러 전장으로 찾아왔을 때도 무시당하는 것을 볼 수 있다. 그래서 시편 27편 10절에서 다윗이 "내 부모는 나를 버렸으나 여호와는 나를 영접하시리이다."라고 그의 상처를 표현하고 있다. 다윗은 어릴 때부터 가족으로부터 큰 상처를 받은 것이다. 하나님께서 보셨다는 것은 바로 이 다윗의 상처를 보셨다는 말이다. 하나님은 우리의 상처를 보신다. 그리고 우리는 이 상처를 통해 하나님을 보아야 한다. 때가 되면 이 상처도 하나님의 일에 들어 쓰실 것이다.

태도를 보신다.

왕으로 기름 부음 받은 다윗은 성령에 감동되는 삶을 살게 된다(13절). 하지만 사울은 악령에 의해 번뇌하게 된다. '번뇌하다(바아트)'는 말은 '두려워 하다'라는 의미다. 아마도 심각한 정신적인 질환으로 나타난 듯 보인다. 그래서 사울은 신하들이 조언한 대로 '나를 위하여 (수금) 잘 타는 사람을 구하여 데려오라' 한다. 다윗은 지극정성으로 사울을 돌본다. 하나님이 버린 사울은 하나님이 택한 다윗을 통해 치료되고 있다. 하지만 사울은 오랫동안 다윗을 괴롭히고 급기야는 죽이려고 한다. 하지만 다윗은 하나님의 기름 부으신 종인 사울을 죽이지 않았다. 그렇게 많은 시간을 사울을 섬겼다. 하나님은 이 다윗의 섬기는 태도를 보신 것이다. 그래서 결국은 다윗을 하나님을 섬기고, 민족을 섬기는 왕으로 세우신 것이다.

중심을 보신다.

7절에서 하나님은 사람의 용모와 키가 아니라 중심을 보신다고 말씀하신다. 하지만 12절에서 소개되고 있는 다윗은 전부 용모와 키에 관한 내용이다. 이 말은 다윗에게는 아직 하나님께서 원하시는 마음이 온전히 준비되어 있지 않았다는 말이다. 다윗은 사무엘상 16장에서 기름 부음을 받지만, 왕으로서의 등극은 사무엘하 2장에서 한다. 10년이 넘는 시간을 이 중심, 마음 훈련을 한 것이다. 왕으로서 세워졌지만, 바로 왕이 된 것이 아니라 서서히 되어 갔다. 사울도 하나님의 말씀을 버림으로 버림 받았지만, 서서히 버림받아 갔다. 아담도 죄를 범함으로 에덴에서 이미 죽었지만, 서서히 죽어갔다. 이것이 인생 훈련, 마음 훈련이다. 다윗에게 이 시간은 혹독한 훈련이었지만, 결국은 하나님의 마음에 합한 자가 된다. 이 혹독한 마음 훈련 중에서 다윗의 인생을 결정짓는 기초는 '기름 부음'과 '여호와의 영에 감동됨'이었다. 단순히 말하면, '예수 믿고 구원 얻음'과 '성령의 충만'이었다. 하나님은 지금도 숱한 시련들을 통해서 우리 마음을 훈련하고 계신 것뿐이다.

|청년 자기 체크리스트|

아래의 체크리스트를 가지고 오늘 소그룹 모임에 임한 자신의 태도를 충분히 점검해 보라.

점검 사항		5	4	3	2	1
준비 및 예습	본 과를 준비하면서 충분히 예습은 하였는가					
	각 과의 분명한 목적은 알고 모임에 임했는가?					
	성령께서 나를 만지시도록 기도로 준비하였는가?					
	소그룹원들을 위해서 중보하였는가?					
	리더를 위해서 중보하였는가?					
	나를 변화시키실 하나님을 기대하는 마음으로 임했는가?					
참여 및 자세	적극적으로 질문과 대답에 참여했는가?					
	정직하게 자신을 오픈했는가?					
	지체들의 발표에 사랑하는 마음으로 공감적 경청을 하였는가?					
	모임 중 성령의 인도하심을 계속적으로 기도했는가?					
	하나님께서 원하시는 것이 무엇인지 분명히 알았는가?					
	발견된 진리를 삶과 인격에 적용하기로 결단했는가?					
	이번주에 중보할 지체를 발견했는가?					
적용 및 결단	삶과 인격 변화를 위한 이번주 자신의 적용은 구체적인가?					
	배운 내용이 삶의 상황에 분명히 적용되었는가?					
	소그룹 모임에 대한 만족감이 있었는가?					
	배운 내용을 분명하게 정리했는가?					
	이번 과의 주제와 목적을 분명히 알게 되었는가?					
	삶과 인격의 변화를 위해 기도할 준비가 되어 있는가?					
평가	이번주 총점					

"그러므로 내 사랑하는 형제들아 견실하며 흔들리지 말고 항상 주의 일에 더욱 힘쓰는 자들이 되라 이는 너희 수고가 주 안에서 헛되지 않은 줄 앎이라" (고전 15:58)

- 이번주 생일자는?
- 다음주 청년부 행사는?
- 이번 달 암송 구절과 필독서는?
- 이번주 소그룹 특이 사항은?
- 다음주 전도할 대상은?

6과
눈엣가시 같은 이웃

사무엘상 18장 1~30절

인간은 본성적으로 사랑하고 사랑받기를 원한다.

그리스도인으로 살아가는 우리는 다른 사람들에게 사랑을 베풀라는 명령을 받았다. 하지만 나를 계속 화나게 하는 사람을 사랑하는 것은 쉬운 일이 아니다.

눈엣가시 같은 그 사람은 날마다 불화를 일으키는 가족 구성원일 수 있고, 습관처럼 무시하고 갑질하는 직장 상사일 수 있다.

자신의 유익을 위해 나를 밟으려는 이익 관계에 있는 사람일 수도 있고, 심지어 나를 무시하고 다른 사람에게 안 좋은 소문을 퍼뜨리는 교우일 수도 있다.

우리는 앞으로도 나의 인내심을 시험하는 사람들과 함께 살아야 한다.

이런 관계 속에서 우리는 어떻게 살아야 할까?

게다가 우리는 사랑하며 살라는 계명까지 받은 사람들이다.

그러니 이런 관계를 기본적으로 정리할 필요가 있다.

이런 관계는 반복되는 사이클을 형성하면서

대부분은 점점 더 악화되는 경향이 있다.

이런 인간관계 속에 살아가는 우리에게 하나님은 뭐라고 말씀하실까?

말씀암송 | 로마서 13장 8절

피차 사랑의 빚 외에는 아무에게든지 아무 빚도 지지 말라 남을 사랑하는 자는 율법을 다 이루었느니라

|다가서기|

1. 당신에게는 눈엣가시 같은 이웃이 있었는가? 그 상황이 어떠했는지, 그래서 내가 느끼는 감정은 어떤 것이었는지 나누어 보라.

인도자가이드 |

눈엣가시 같은 이웃은 항상 우리 주변에 있어 왔다. 그 사람을 눈엣가시라고 생각하는 것은 그만한 이유가 있을 것이다. 그것이 잘못된 것은 아니다. 하지만 시간이 지나면서 우리는 비슷한 사람을 보다 용납하고 수용할 수 있는 그릇이 커져 가고 있다는 사실에 초점을 맞춰보라.

|깊이보기| 사무엘상 18장 1~30절

본문은 하나님이 버린 사울이 어떻게 점점 망해가는지, 하지만 하나님이 택하신 다윗은 어떻게 점점 흥해가는지를 보여준다. 이 과정에서 사울의 태도와 다윗의 태도, 그리고 주변의 반응이 하나의 사이클을 이루어 네 번 반복된다. 이 사이클의 반복을 잘 살펴보면 눈엣가시 같은 이웃과의 관계 속에서 우리가 어떻게 살아야 하는지 교훈을 얻을 수 있다.

2. 본문을 읽고 본문의 배경을 자신의 말로 정리해 보라.

인도자가이드 |

골리앗과의 전투에서 승리한 다윗을 요나단이 사랑하였고, 군대의 장이 된 다윗은 승승장구하게 된다. 여인들의 '사울이 죽인 자는 천천이요, 다윗은 만만'이라는 노래 때문에 사울은 다윗을 시기한다. 골리앗을 통해 다윗을 죽이려 하지만 죽지 않자, 약속과 달리 맏딸 메랍을 다른 사람에게 줘 버린다. 그후에 블레셋 사람의 포피 100개를 가져오면 딸 미갈을 주겠다고 하여 죽이려고 하지만, 역시 다윗은 두 배인 200개의 포피를 바치며, 점점 더 존귀한 자가 되어간다는 이야기다.

3. 이 이야기에는 사울과 다윗, 그리고 주변의 관계 사이클이 네 번 반복된다. 첫 번째, 두 번째 사이클을 정리해 보고 그 특징을 말해 보라.

사이클	사울의 태도	다윗의 태도	주변의 반응
첫 번째 사이클 (1~5절)	신뢰	지혜롭게 행함	요나단과 여인들이 사랑함
두 번째 사이클 (6~16절)	불쾌, 두려움	끝까지 치유하려 함	온 이스라엘과 유다가 사랑함

인도자가이드 |

사이클이 반복되면서 사울의 태도는 계속 부정적으로 변하지만, 다윗과 주변의 반응은 거의 변하지 않고, 점점 다윗은 존귀한 자가 되어 간다.

4. 이야기의 세 번째, 네 번째 사이클을 정리해 보고, 느낀 점을 말해 보라.

사이클	사울의 태도	다윗의 태도	주변의 반응
세 번째 사이클 (17~28절)	죽이기를 좋게 여김	화해를 위해 노력함	미갈이 사랑함
네 번째 사이클 (29,30절)	평생의 대적이 됨	지혜롭게 행함	이방인들도 존귀히 여김

인도자가이드 |

사울은 점점 심해지지만, 다윗은 여전히 사랑하며 지혜롭게 행한다. 그랬더니 주변의 반응도 점점 더 다윗을 사랑하는 모습을 취한다. 다윗은 힘들어서 점점 더 억울해지는 모습이 아니다. 주변은 다윗을 더욱 사랑하게 된다.

5. 네 번의 사이클의 반복 속에서 나타나는 다윗의 태도는 어떤가? 하나님이 함께 하시는 사람의 특징은 어떤 모습인지 자기 말로 정리해 보라.

인도자가이드 |

다윗의 가장 일관된 모습은 변함이 없이 지혜롭게 행하고, 자신의 많은 사명을 잘 감당하려고 한다. 적대적으로 대하는 사울에게 분노와 원망이 아니라 지혜롭게 행함으로 대처한다. 착하기만 해서는 안 된다. 지혜로움과 하나님이 부르신 사명의 자리에 그대로 서 있는 태도가 필요하다.

6. 본 이야기에서 사울의 변하는 태도에도 불구하고 다윗은 계속해서 지혜롭게 행했다고 말한다(5,14,15,30절). 다윗이 지혜롭게 행할 수 있었던 이유는 무엇인가?(14절)

말씀살피기

다윗이 그의 모든 일을 지혜롭게 행하니라 여호와께서 그와 함께 계시니라[삼상 18:14]

인도자가이드 |

다윗이 눈엣가시 같은 사울의 미움과 공격 속에서도 여전할 수 있었던 것은 하나님께서 그와 함께하셨기 때문이다. 그런데 성경은 그런 그의 모습을 '지혜롭게 행함'으로 묘사한다. 세상에서의 삶에는 뱀처럼 지혜로움이 반드시 필요하다. 순결하기만 해서는 좋은 관계를 유지할 수 없다.

7. 사울의 악한 감정의 변화 속에서도 다윗의 변하지 않는 태도를 통해 우리는 눈엣가시 같은 이웃에게 어떤 모습으로 대해야 하는지를 교훈 얻는다. 당신이 얻은 교훈은 무엇인가?

인도자가이드 |

다윗에게 사울은, 그리고 사울에게 다윗은 눈엣가시 같은 이웃이다. 우리는 둘 중 누구의 입장을 취할지 선택해야 한다. 사울처럼 미워하게 되면 점점 망하게 될 것이고, 다윗처럼 지혜롭게 행하게 되면 점점 흥하게 될 것이다.

8. 눈엣가시 같은 이웃에 대한 태도는 한 마디로 뭐라고 말할 수 있는가?(30절) 힘든 관계 속에서 어떻게 행하는 것이 가장 지혜로운 것일지 하나의 관계를 예를 들어 나누어 보라.

말씀살피기

블레셋 사람들의 방백들이 싸우러 나오면 그들이 나올 때마다 다윗이 사울의 모든 신하보다 더 지혜롭게 행하매 이에 그의 이름이 심히 귀하게 되니라[삼상 18:30]

인도자가이드 |

지혜롭게 행한다는 것은 다양한 의미를 포함한다. 각자의 삶의 영역이 다르고, 처한 상황이 다르고, 관계가 다양할 것이다. 중요한 것은 획일적인 지혜로움이 아니라 상황과 대상에 맞는 지혜로움이다. 이 지혜로움은 하나님이 함께 하심으로 주어지는 축복이다.

9. 다윗의 지혜로움은 하나님이 함께하셨기 때문이다. 하나님이 함께 하셨기 때문에 다윗은 결국 자신도 사울과 다를 것이 없다는 사실을 깨닫게 되었다(우리아의 사건을 통해).당신에게는 이런 깨달음이 있는가? 없다면 그 이유는 무엇인가?(참고, 잠2:7)

말씀살피기

그는 정직한 자를 위하여 완전한 지혜를 예비하시며 행실이 온전한 자에게 방패가 되시나니[잠 2:7]

인도자가이드 |

하나님이 함께 하심이 결국은 우리를 지혜롭게 한다. 세상에서 최고의 지혜는 정직함이다. 우리가 하나님 앞에서 죄인이라는 사실을 정직함으로 인정하며 사는 것이 가장 완전한 지혜로움이다.

|다짐하기|

10. 눈엣가시 같은 이웃에게 우리가 대해야 할 태도는 지혜로움이다. 이 지혜로움은 하나님이 우리와 함께하심으로 주어지는 것이다. 변함없이 이웃에게 지혜롭기 위해서 구체적으로 당신이 할 수 있는 일이 무엇일지 정리하고 실천해 보라.

인도자가이드 |

어떻게 하면 하나님이 함께 하시는 삶을 살 수 있을지를 구체적으로 나누게 도우라. 하나님이 함께 하시는 최고의 지혜는 결국 정직함이다. 인간 세상의 최고의 정직함은 죄인 됨을 인정하며 사는 것이다.

|관점얻기|

첫 번째 사이클(1~5절)

골리앗을 이긴 다윗을 대하는 사울의 처음 태도는 '신뢰'였다(5절). 이에 대한 다윗의 태도는 지혜롭게(샤칼) 행함이다(5절). 네 개의 사이클 안에서 지혜롭게 행한 다윗의 모습은 반복해서 등장한다(5,14,15,30절). 이 말은 통찰력 있는 사고와 처신으로 결과까지 좋은 것을 의미한다. 이렇게 지혜롭게 행할 수 있었던 이유는 하나님께서 함께하셨기 때문이다(14절). 주변의 반응은 다윗을 향한 사랑(아헤브)이다(1,3절). 네 개의 사이클에서 지혜와 더불어 똑같이 네 번 등장하는 말이 이 사랑한다는 말이다(1,3,16,20,22,28). 요나단도 이스라엘의 여인들도 다윗을 사랑하여 '사울은 천천이요, 다윗은 만만'이라는 노래를 지어 부른다.

두 번째 사이클(6~16절)

두 번째 사이클에서 사울의 태도는 신뢰에서 '불쾌'로 바뀌게 된다. 여인들의 노래 때문이었다. 원래 셈어에서 '천천'이나 '만만'은 대부분 '굉장히 많다.'라는 의미로 비교의 의미가 아니다. 그런데도 사울이 불쾌했던 이유는 '만만(레바바)'라는 말의 의미가 '우두머리'라는 뜻을 가졌기 때문이다. 사울은 이 노래 때문에 다윗이 '나보다 나은 그 이웃', 소위 '눈엣가시 같은 이웃'으로 내 나라를 삼킬 자로 생각하기 시작한 것이다. 하지만 다윗의 태도는 악신에 들린 사울을 끝까지 치료하는 성실함이다. 하지만 사울은 유일하게 자신을 치료할 수 있는 하나님의 영이 함께 한 자를 멀리한다. 주변의 반응은 온 이스라엘과 유다가 다윗을 사랑하게 된 것이다(16절). 관계는 점점 악화되는데, 다윗은 여전히 지혜롭게 행하여 더 많은 사람에게 사랑을 받고 있다.

세 번째 사이클(17~28절)

사울의 태도는 불쾌감에서 이제 사리 판단이 안 되는 지경으로 치닫게 된다. 사울은 다윗에게 여호와의 싸움을 싸우라고 명한다(17절). 하지만 사울 자신을 위한 싸움이었다. 승리하면 맏딸 메랍을 주겠다고 했지만 실은 블레셋의 손으로 다윗을 죽이기 위해서였다(17절 후반절). 급기야는 미갈이 다윗을 사랑하는 것을 이용하여 블레셋 사람 포피 100개를 가져오면 미갈을 주겠다고 하지만, 역시 블레셋을 이용해 다윗을 죽일 생각이었다. 하지만 다윗의 태도는 모든 것을 좋게 여긴다(26절). 사울은 다윗을 향해 두 번 창을 던졌고, 두 번 죽이려 했지만, 다윗은 두 번 창을 피하며 치료하려 했고, 두 번 사위 되는 것을 겸손히 사양했고, 두 배의 포피를 바쳤다. 지혜롭게 행하고, 끝까지 치료해 주려고 하고, 신뢰를 회복하고자 하고 있다. 이것이 눈엣가시 같은 이웃에 대한 우리의 태도가 되어야 한다. 그랬더니 주변의 반응은 역시 사랑을 다윗에게 준다(28절).

네 번째 사이클(29~30절)

사울의 태도는 '더욱더욱 두려워하여 평생에 대적이 된다.'라는 말로 표현된다(29절). 하지만 다윗은 여전히 지혜롭게 행했다. 그리고 주변의 반응은 나라 밖에서까지 다윗의 이름이 심히 존귀하게 되어 사랑받는다(30절). 사울은 점점 다윗을 악하게 대하는데도 다윗은 여전히 일관되게 지혜롭게 행하고, 그랬더니 요나단도, 온 이스라엘과 유다도, 미갈도, 이제는 이방 사람들도 다윗을 사랑하고 존귀히 여기게 되었다.

나는 다윗인가, 사울인가?

우리는 본능적으로 늘 주인공이라고 생각한다. 하지만 다윗이 아니라 사울의 모습에 더 가까울 수 있다. 그래서 눈엣가시 같은 다윗을 사울처럼 대할 때가 있음을 알아야 한다. 사무엘서 전체가 던지는 메시지는 다윗도 사울과 다를 게 없다는 것이다. 자기 손에 피 묻히지 않고 다윗을 죽이려 했던 사울처럼 다윗도 자기 손에 피를 묻히지 않고 우리아를 죽이려고 한다. 눈엣가시 같은 이웃이 아니라 심지어 충신이었는데도 말이다. 다윗은 '내가 바로 사울이구나!'라는 사실을 그의 인생을 통해 깨달았을 것이다. 우리를 힘들게 하는 눈엣가시 같은 이웃이 바로 하나님 앞에서 나의 모습일 수 있다. 눈엣가시 같은 이웃에게 우리는 끝까지 지혜롭게, 그 사람의 치료를 위해, 화해를 위해 노력해야 한다. 하지만 이것은 우리 힘과 실력으로는 안 된다. 하나님께서 우리와 함께하실 때만 가능하다.

|청년 자기 체크리스트|

아래의 체크리스트를 가지고 오늘 소그룹 모임에 임한 자신의 태도를 충분히 점검해 보라.

점검 사항		5	4	3	2	1
준비 및 예습	본 과를 준비하면서 충분히 예습은 하였는가					
	각 과의 분명한 목적은 알고 모임에 임했는가?					
	성령께서 나를 만지시도록 기도로 준비하였는가?					
	소그룹원들을 위해서 중보하였는가?					
	리더를 위해서 중보하였는가?					
	나를 변화시키실 하나님을 기대하는 마음으로 임했는가?					
참여 및 자세	적극적으로 질문과 대답에 참여했는가?					
	정직하게 자신을 오픈했는가?					
	지체들의 발표에 사랑하는 마음으로 공감적 경청을 하였는가?					
	모임 중 성령의 인도하심을 계속적으로 기도했는가?					
	하나님께서 원하시는 것이 무엇인지 분명히 알았는가?					
	발견된 진리를 삶과 인격에 적용하기로 결단했는가?					
	이번주에 중보할 지체를 발견했는가?					
적용 및 결단	삶과 인격 변화를 위한 이번주 자신의 적용은 구체적인가?					
	배운 내용이 삶의 상황에 분명히 적용되었는가?					
	소그룹 모임에 대한 만족감이 있었는가?					
	배운 내용을 분명하게 정리했는가?					
	이번 과의 주제와 목적을 분명히 알게 되었는가?					
	삶과 인격의 변화를 위해 기도할 준비가 되어 있는가?					
평가	이번주 총점					

"그러므로 내 사랑하는 형제들아 견실하며 흔들리지 말고 항상 주의 일에 더욱 힘쓰는 자들이 되라 이는 너희 수고가 주 안에서 헛되지 않은 줄 앎이라" (고전 15:58)

- 이번주 생일자는?
- 다음주 청년부 행사는?
- 이번 달 암송 구절과 필독서는?
- 이번주 소그룹 특이 사항은?
- 다음주 전도할 대상은?

7과
고난 중의 도움
사무엘상 19장 1~24절

우리는 인생을 살면서 많은 질문을 가지고 살아간다.
그 중에는 참 풀리지 않는 질문도 있다.
고난은 왜 잊을 만하면 안방에 꽈리를 틀고 앉아 있는가?
믿음으로 사는데 왜 내 삶에는 고난이 이리 많은가?
믿음으로 살지 못해서 고난이 찾아온 것이라면
얼마나 믿음으로 살아야 고난이 찾아오지 않는 것일까?
고난은 어떻게 이길 수 있는가?
똑같은 고난을 여러 번 반복해서 당하면 익숙해지는가?
우리는 이와 같은 무거운 질문들을 안고 살아간다.
도대체 고난이라는 이 문제는 어떻게 처리하고 살아야 하는가?
분명한 사실 하나는 하나님은 고난을 이기라고 하신 적이 없다는 사실이다.
견디라, 기도하라, 인내하라고 하셨지, 이겨 버리라고 하신 적이 없다.
어쩌면 고난은 이겨야 처리되는 것이 아닐지도 모른다.

말씀암송 | 야고보서 5장 13절

너희 중에 고난 당하는 자가 있느냐 그는 기도할 것이요 즐거워하는 자가 있느냐 그는 찬송할지니라

|다가서기|

1. 지금 당신이 당하고 있는 고난은 무엇인지 그룹원들에게 진솔하게 나누어 보라.

인도자가이드 |

사실 고난이 무엇인지는 중요하지 않다. 그 고난을 진솔하게 그룹 안에서 나눌 수 있도록 하는 연습을 시키는 것이 필요하다. 서로가 거짓 없이 나눌 때 하나님은 고난을 극복하는 실마리를 발견하게 하신다. 신앙생활은 각개전투가 아니라 팀사역이라서 그렇다.

|깊이보기| 사무엘상 19장 1~24절

19장은 18장과 함께 20~27장까지 10년간 계속될 다윗의 도피생활이 왜 시작되었는지를 설명한다. 표면적으로는 사울과 다윗의 대결처럼 보이지만, 사실은 하나님과 사울의 대결임을 시사한다. 다윗은 총 네 번 살해 위협을 받게 되는데, 앞선 세 번의 도움은 온전한 도움이 아니었다. 마지막 라마 나욧에서의 경험을 통해 진정한 도움이 무엇인지 깨닫게 된다.

2. 본문을 읽고 이야기의 배경을 자신의 말로 정리해 보라.

인도자가이드 |

본문은 사울이 다윗을 죽이려고 한 네 번의 시도를 소개한다. 첫 번째는 신하들에게 다윗을 죽이라고 명한다. 하지만 요나단의 도움으로 다윗은 살게 된다. 얼마 뒤 사울은 다윗에게 창을 던져 죽이려고 하지만 다윗은 가까스로 피한다. 하지만 사울은 다시 자객들을 보낸다. 이번에는 딸 미갈이 다윗을 창으로 달아 내려 피하게 한다. 그 길로 다윗은 사무엘이 있는 라마 나욧으로 도피하여 거하게 되는데, 결국 발각이 되어 세 번이나 자객들의 위협을 받지만 살게 된다. 마지막으로 사울이 직접 와서 죽이려 하지만 사울 역시도 하나님의 영을 이기지 못하고 옷을 벗고 하루 밤낮을 사무엘 앞에서 예언했다는 내용이다.

3. 첫 번째 고난은 어떤 것이고, 그때 주어졌던 도움은 어떤 도움이라고 할 수 있는가?(1~7절)

인도자가이드 |

점점 악화되던 사울이 느닷없이 다윗을 죽이라는 명령을 내린다. 그때 다윗은 요나단이라는 친구의 도움을 얻게 된다. 필사적으로 다윗을 대변하여 죽이지 않겠다는 맹세를 얻어내지만(6절), 그 도움은 온전한 도움이 되지 못한다. 증오와 이성이 공존하는 상황에서는 '친구'라는 도움은 온전한 도움이 될 수 없다.

4. 두 번째 고난은 어떤 것이라고 정의할 수 있는가?(8~10절) 두 번째 고난에서 주어진 도움은 무엇이고, 왜 이 도움 역시 온전한 도움이 되지 못했는지 나누어 보라.

말씀살피기

전쟁이 다시 있으므로 다윗이 나가서 블레셋 사람들과 싸워 그들을 크게 쳐 죽이매 그들이 그 앞에서 도망하니라, 사울이 손에 단창을 가지고 그의 집에 앉았을 때에 여호와께서 부리시는 악령이 사울에게 접하였으므로 다윗이 손으로 수금을 탈 때에, 사울이 단창으로 다윗을 벽에 박으려 하였으나 그는 사울의 앞을 피하고 사울의 창은 벽에 박힌지라 다윗이 그 밤에 도피하매[삼상 19:8~10]

인도자가이드 |

두 번째 고난은 블레셋과의 전쟁에서 공을 세운 다윗에게 사울이 단창을 던져 죽이려 한 것이다(10절). 하지만 다윗은 선의를 가지고 수금으로 사울을 도우려고 노력한다. 하지만 '선한 마음과 자기 노력'이라는 도움도 온전한 도움이 되지 못했다. 이 문제는 자신이 노력해서 개선될 문제가 아니라 악령에 의한 문제였기 때문이다.

5. 세 번째의 고난은 무엇이고, 이 상황 속에서 주어졌던 도움은 어떤 것인가?(11~17절) 어떤 점에서 이 도움도 온전한 도움이 되지 못하는가?

인도자가이드 |

세 번째 고난은 도피한 다윗의 집으로 자객들을 보내 죽이려 한 것이다. 하지만 이번에는 미갈이라는 '아내'의 도움을 받았다. 다윗을 밤중에 창에서 달아 내려 피하게 한다. 하지만 '아내'라는 도움도 온전한 도움이 못 된다. 다윗은 이제 도망자 신세가 된다.

6. 네 번째 고난은 어떤 것이며, 다윗이 받은 진정한 도움은 어떤 것이었는가?(18~24절)

인도자가이드 |

네 번째 고난은 사무엘이 있던 라마 나욧에 있을 때 찾아온다. 사울은 세 번이나 자객들을 보내지만, 선지자 무리가 예언하는 것을 보자, 자객들이 예언을 한다. 나중에는 사울 자신이 직접 라마 나욧으로 오지만 사울도 동일하게 예언만 하게 된다(24절). 강력한 하나님의 도우심이 임하자 직접 죽이러 온 사울도 다윗을 죽이지 못한다. 이 네 번째 도우심이 진정한 도움이다. 하나님의 도우심이다.

7. 사울이 옷을 벗었다는 말은 왕의 옷이 벗김을 당했다는 뜻이다(24절). 버림받게 되었음을 암시하는 말이다. 사울의 어떤 모습이 버림받게 되는 결과를 초래했을까?

말씀살피기

그가 또 그의 옷을 벗고 사무엘 앞에서 예언을 하며 하루 밤낮을 벗은 몸으로 누웠더라 그러므로 속담에 이르기를 사울도 선지자 중에 있느냐 하니라[삼상 19:24]

인도자가이드 |

사울은 처음 우물 곁에서 예언했던 것처럼(삼상9,10장), 똑같이 우물 곁에서 예언한다(22~24절). 하나님께서 그의 왕복을 벗기신 것이다. 그 이유의 하나가 '집요함'이다. 세 번이나 전령들에게 하나님의 신이 임했을 때 사울은 하나님의 뜻을 생각해 보았어야 했다. 하지만 그렇게 하지 않았다. 그 속에 있는 미움의 집요함 때문이다. 이 집요함이 결국 그를 버림받게 만든 것이다.

8. 다윗이 진정한 하나님의 도우심을 받기 위해 한 일은 무엇이었는가?(시59편4,6,7절) 당신의 삶에 이런 경험이 있는가? 어떤 도움이 주어졌는가?

말씀살피기

내가 허물이 없으나 그들이 달려와서 스스로 준비하오니 주여 나를 도우시기 위하여 깨어 살펴 주소서[시 59:4]

그들이 저물어 돌아와서 개처럼 울며 성으로 두루 다니고[시 59:6]

그들의 입으로는 악을 토하며 그들의 입술에는 칼이 있어 이르기를 누가 들으리요 하나이다[시 59:7]

인도자가이드 I

라마 나욧의 도움을 통해 다윗은 진정한 도움은 하나님께로부터 온다는 사실을 깨달았을 것이다. 이것을 알 수 있는 힌트가 시편59편이다. 시편59편의 표제는 "사울이 사람을 보내어 다윗을 죽이려고 그 집을 지킨 때에"라고 되어 있다. 절체절명의 순간에 다윗은 처절하게 하나님의 도우심만 구한 것이다. 그러므로 라마 나욧에 임하신 강력한 하나님의 영의 역사는 이 처절한 기도의 응답인 셈이다. 고난의 때에 우리는 걱정이 아니라 기도해야 한다. 하나님만이 나의 참 도우심이기 때문이다.

9. 19장의 이야기를 통해 사울이 버림받은 이유(21,22절)와 우리의 삶에 고난이 끊이지 않는 이유(사53:10)를 발견할 수 있다. 그것은 무엇인가? 이 사실에 동의할 수 있는가? 없다면 그 이유는 무엇인가?

말씀살피기

어떤 사람이 그것을 사울에게 알리매 사울이 다른 전령들을 보냈더니 그들도 예언을 했으므로 사울이 세 번째 다시 전령들을 보냈더니 그들도 예언을 한지라, 이에 사울도 라마로 가서 세구에 있는 큰 우물에 도착하여 물어 이르되 사무엘과 다윗이 어디 있느냐 어떤 사람이 이르되 라마 나욧에 있나이다[삼상 19:21,22]

여호와께서 그에게 상함을 받게 하시기를 원하사 질고를 당하게 하셨은즉 그의 영혼을 속건제물로 드리기에 이르면 그가 씨를 보게 되며 그의 날은 길 것이요 또 그의 손으로 여호와께서 기뻐하시는 뜻을 성취하리로다[사 53:10]

인도자가이드 I

다윗은 왕으로 기름부음을 받았지만 고난 받았다. 아직 10년이라는 도피 생활은 시작도 안 했다. 다윗의 고난은 한마디로 '하나님의 마음에 합한 사람'이 되기 위한 과정이었다. 하나님 마음에 합한 중심은 고난을 통해서만 가질 수 있는 것이었기 때문이다. '하나님 마음에 합한 중심' 은 고난 중에 하나님만 바라는 마음이다. 이 마음의 훈련이 결국, 고난의 구원자 예수 그리스도를 드러내는 삶으로 이어진다. 믿음으로 사는 자에게는 그 고난 속에 하나님의 섭리가 있고, 하나님의 도우심이 있다.

|다짐하기|

10. 고난 중에 하나님의 도우심을 얻기 위한 구체적인 실천 방안을 결단하고 나누어 보라.

인도자가이드 |

고난은 하나님이 주시는 선물이다. 하나님의 마음에 합한 사람으로 만들기 위한 마음 훈련이다. 그러므로 고난의 때에는 원망이나 걱정보다는 기도하는 것이 지혜롭다. 기도와 말씀의 삶에 대한 구체적인 적용을 도우라.

|관점얻기|

첫 번째 고난과 '친구'라는 도움(1~7절)

첫 번째 고난은 사울이 어느 날 신하들을 모아놓고 느닷없이 다윗을 죽이라는 명령으로 시작된다. 하지만 다윗은 요나단이라는 친구의 도움을 얻게 된다. 그러나 이 도움은 온전한 도움이 못 되었다. 왜냐하면, 결국, 죽이지 않겠다던 사울의 맹세도 보기 좋게 번복되었기 때문이다. 정신적으로 온전치 못한 사람에게 '친구'라는 도움은 온전한 도움이 못 되었다. 친구는 인생을 해갈하는 도움이다. 하지만 온전한 도움은 아니다.

두 번째 고난과 '자기 노력'이라는 도움(8~10절)

두 번째 고난은 블레셋과의 전쟁에서 승리한 다윗을 죽이려는 사울의 단창이었다. 하지만 다윗은 여전히 수금으로 그를 도우려고 노력한다. 그러나 '선한 마음과 자기 노력'이라는 도움도 온전한 도움이 되지 못했다. 이 문제는 악령에 의한 문제였기 때문이다. 이성적인 대화도, 타당한 근거도, 합리적인 생각도 다 소용이 없다. 그래서 결국, 다윗은 그 밤에 도피하게 된다. 고난은 선한 마음과 노력만으로 해결되는 것이 아니다.

세 번째 고난과 '아내'라는 도움(11~17절)

세 번째 고난은 도피한 다윗의 집으로 자객들을 보내 죽이려 한 것이다. 이번에는 미갈이라는 '아내'의 도움을 받았다. 아내만큼 친밀한 도움이 어디 있는가? 하지만 이 '아내'라는 도움도 온전한 도움이 못 된다. 다윗은 계속해서 도피하는 삶을 살아야 했기 때문이다. 신혼의 단꿈을 이루지도 못하고 도망 다니는 다윗에게 아내는 아무 도움도 되지 못했다.

네 번째 고난과 '하나님'이라는 도움(18~24절)

네 번째 고난은 도피하여 사무엘이 선지 생도들을 키우고 있던 라마 나욧에 있을 때 찾아온다. 사울은 또다시 자객을 보낸다. 하지만 선지자 무리가 예언하는 것을 보자, 자객들은 예언을 한다. 마지막에는 사울이 직접 라마 나욧으로 온다. 하지만 사울도 역시 다윗을 죽이지 못하고 옷을 벗고 예언을 한다. 강력한 하나님의 도우심이 임하자 직접 죽이러 온 사울도 다윗을 죽이지는 못한다. 이것이 네 번째 진정한 도우심, 하나님의 도우심이다.

하나님의 도우심

시편 59편의 표제는 "사울이 사람을 보내어 다윗을 죽이려고 그 집을 지킨 때에"라고 되어 있다. 여섯 번째 살해 시도가 있었던, 미갈의 집에서 기도한 내용이 시편 59편이다. 다윗은 여섯 번째 살해 위협을 받는 절체절명의 순간에 하나님의 도우심만 구한 것이다. 하나님만이 환난 날의 도움이시라고 절규하였다. 그렇기 때문에 라마 나욧에서 임하신 강력한 하나님의 영의 역사는 이 처절한 기도의 응답인 셈이다. 고난의 때에 우리가 할 수 있는 것은 기도이다. 다윗의 고난은 한마디로 '하나님의 마음에 합한 사람'이 되기 위한 과정이었다. 하나님 마음에 합한 중심은 고난을 통해서만 가질 수 있는 것이었기 때문이다. '하나님 마음에 합한 중심'은 바로 고난 중에 하나님만 바라는 마음이다.

|청년 자기 체크리스트|

아래의 체크리스트를 가지고 오늘 소그룹 모임에 임한 자신의 태도를 충분히 점검해 보라.

점검 사항		5	4	3	2	1
준비 및 예습	본 과를 준비하면서 충분히 예습은 하였는가					
	각 과의 분명한 목적은 알고 모임에 임했는가?					
	성령께서 나를 만지시도록 기도로 준비하였는가?					
	소그룹원들을 위해서 중보하였는가?					
	리더를 위해서 중보하였는가?					
	나를 변화시키실 하나님을 기대하는 마음으로 임했는가?					
참여 및 자세	적극적으로 질문과 대답에 참여했는가?					
	정직하게 자신을 오픈했는가?					
	지체들의 발표에 사랑하는 마음으로 공감적 경청을 하였는가?					
	모임 중 성령의 인도하심을 계속적으로 기도했는가?					
	하나님께서 원하시는 것이 무엇인지 분명히 알았는가?					
	발견된 진리를 삶과 인격에 적용하기로 결단했는가?					
	이번주에 중보할 지체를 발견했는가?					
적용 및 결단	삶과 인격 변화를 위한 이번주 자신의 적용은 구체적인가?					
	배운 내용이 삶의 상황에 분명히 적용되었는가?					
	소그룹 모임에 대한 만족감이 있었는가?					
	배운 내용을 분명하게 정리했는가?					
	이번 과의 주제와 목적을 분명히 알게 되었는가?					
	삶과 인격의 변화를 위해 기도할 준비가 되어 있는가?					
평가	이번주 총점					

"그러므로 내 사랑하는 형제들아 견실하며 흔들리지 말고 항상 주의 일에 더욱 힘쓰는 자들이 되라 이는 너희 수고가 주 안에서 헛되지 않은 줄 앎이라" (고전 15:58)

- 이번주 생일자는?
- 다음주 청년부 행사는?
- 이번 달 암송 구절과 필독서는?
- 이번주 소그룹 특이 사항은?
- 다음주 전도할 대상은?

8과
인생 훈련

사무엘상 23장 1~29절

성공한 인생이란 무엇일까?

죽으면 모두 한 줌의 흙으로 변하여 자연으로 돌아가 버린다.

만약 이것이 인생의 전부라면 과연 성공한 인생이란 무엇일까?

모든 인생이 죽음을 향해서 가고 있다면

이 땅의 것으로 인생의 성공을 논하기는 어렵다.

어쩌면 인생은 그 너머에 있는 삶을 준비해야 가치가 있는 것일지 모른다.

만약 그렇다면 누리는 것보다 준비하는 것이 훨씬 더 지혜로운 삶이다.

하지만 우리는 준비하는 것보다는 누리는 것이 더 좋다.

누리는 것이 복인 줄 안다.

주님은 그런 우리에게 인생은 준비하는 것이 훨씬 더 큰 복임을 말씀하신다.

하나님은 우리에게 무엇을 준비하기를 원하시는지 확인해 보자.

말씀암송 | 시편 31편 19절

주를 두려워하는 자를 위하여 쌓아 두신 은혜 곧 주께 피하는 자를 위하여 인생 앞에 베푸신 은혜가 어찌 그리 큰지요

|다가서기|

1. 당신이 인생을 살면서 가장 힘들었던 때는 언제인가? 지금은 그때를 어떻게 해석하고 있는가?

인도자가이드 |

누구에게나 힘든 시간이 있다. 하지만 처음부터 아무렇지도 않게 나눌 수 있는 사람은 없다. 나눌 수 있다면 그 이유는 무엇인지, 나누지 못하는 사람에게는 최근에 힘든 일 하나를 나누는 연습을 시키라.

|깊이보기| 사무엘상 23장 1~29절

2. 본문을 읽고 본문의 배경을 자신의 말로 정리해서 설명해 보라.

인도자가이드 |

다윗이 블레셋을 쳐서 그일라를 구한 후, 사울이 다시 그일라로 다윗을 잡으러 온다는 첩보를 듣게 된다. 다윗은 하나님께 여쭙고 정처 없는 떠돌이 삶을 시작한다. 그때 십 광야 수풀로 요나단이 찾아와 하나님을 힘 있게 의지하라고 격려한다. 사울은 십 사람들과 협공을 펼쳐 다윗을 잡는 것이 시간문제였지만, 갑자기 블레셋이 쳐들어와 다윗 잡기를 포기한다. 기적적으로 살아난 다윗은 그곳을 '셀라하마느곳'이라 칭하고 부하들과 함께 엔게디로 간다는 내용이다.

3. 십 광야에서의 다윗의 모습은 이전과 다른 면이 드러나 고 있다. 그것은 무엇인가?(2절)

말씀살피기

이에 다윗이 여호와께 묻자와 이르되 내가 가서 이 블레셋 사람들을 치리이까 여호와께서 다윗에게 이르시되 가서 블레셋 사람들을 치고 그일라를 구원하라 하시니[삼상 23:2]

인도자가이드 |

살기 위해서 도망 다니는 다윗의 모습에서 예전과는 다른 점이 발견된다. 그것은 다윗이 이제 여호와께 묻기를 시작한다는 점이다. 23장의 사건들은 하나님께서 다윗을 하나님 마음에 합한 자로 세우기 위한 훈련이라고 볼 수 있다. 일종의 통치 수업인 셈이다.

4. 23장의 여정은 다윗이 왕으로 준비되기 위한 일종의 훈련 여정이라고 할 수 있다. 총 세 가지의 훈련으로 정의할 수 있는데, 첫 번째 훈련은 무엇이고, 그렇게 생각할 수 있는 이유는 무엇인가?(2,4,11절).

말씀살피기

이에 다윗이 여호와께 묻자와 이르되 내가 가서 이 블레셋 사람들을 치리이까 여호와께서 다윗에게 이르시되 가서 블레셋 사람들을 치고 그일라를 구원하라 하시니[삼상 23:2]

다윗이 여호와께 다시 묻자온대 여호와께서 대답하여 이르시되 일어나 그일라로 내려가라 내가 블레셋 사람들을 네 손에 넘기리라 하신지라[삼상 23:4]

그일라 사람들이 나를 그의 손에 넘기겠나이까 주의 종이 들은 대로 사울이 내려 오겠나이까 이스라엘의 하나님 여호와여 원하건대 주의 종에게 일러 주옵소서 하니 여호와께서 이르시되 그가 내려오리라 하신지라[삼상 23:11]

인도자가이드 |

지금 상황은 부하들이 그일라에 가서 블레셋을 치는 것을 반대하는 상황이다. 그런 상황에서 다윗은 하나님께 여쭙기 시작한다. 그래서 첫 번째 훈련은 하나님께 나아가는 훈련이라고 할 수 있다. 왕으로서 하나님께 나아가는 훈련을 하고 있는 것이다. 반대 앞에서 기도하는 훈련을 하고 있다고 볼 수 있다.

5. 인생이 막히고, 답답한 일이 다가올 때 우리는 어떻게 해야 하는가? 그 이유는 무엇인가?(7,14절 대조)

말씀살피기

다윗이 그일라에 온 것을 어떤 사람이 사울에게 알리매 사울이 이르되 하나님이 그를 내 손에 넘기셨도다 그가 문과 문 빗장이 있는 성읍에 들어갔으니 갇혔도다[삼상 23:7]

다윗이 광야의 요새에도 있었고 또 십 광야 산골에도 머물렀으므로 사울이 매일 찾되 하나님이 그를 그의 손에 넘기지 아니하시니라[삼상 23:14]

인도자가이드 |

다윗은 사울에 의해 꼼짝없이 죽게 되었을 때 하나님께 기도했다. 그랬더니 하나님께서 다윗이 어디에 있든지 막히고 답답한 상황에서 벗어나게 하신다. 인생은 하나님께 묻고, 또 묻는 훈련이다.

6. 다윗이 받은 두 번째 훈련은 '사람 훈련'이라고 할 수 있다. 이 훈련의 성격은 어떤 것인지 살펴보라(12,13절).

말씀살피기

다윗이 이르되 그일라 사람들이 나와 내 사람들을 사울의 손에 넘기겠나이까 하니 여호와께서 이르시되 그들이 너를 넘기리라 하신지라, 다윗과 그의 사람 육백 명 가량이 일어나 그일라를 떠나서 갈 수 있는 곳으로 갔더니 다윗이 그일라에서 피한 것을 어떤 사람이 사울에게 말하매 사울이 가기를 그치니라[삼상 23:12,13]

인도자가이드 |

다윗은 목숨을 걸고 그일라 사람들을 블레셋에게서 구해주었는데, 그일라 사람들은 사울에게 다윗을 넘기려 한다. 하지만 다윗은 그들을 책망하지 않고 조용히 떠난다. 다윗은 장차 왕으로 살기 위해서 사람 훈련을 받고 있는 것이다. 왕의 사명은 백성의 모습이 어떠하든 그들을 사랑하는 것이다.

7. 당신에게는 사랑하기 힘든 사람이 있는가? 그 이유는 무엇이고, 그런데도 사랑해야 하는 이유는 무엇이라고 생각하는가?

인도자가이드 |

인생은 사람을 통해 훈련 받는, 인생 막대기를 통해 훈련 받는 시간의 연속이다. 하지만 하나님의 백성을 사랑하려고 애쓰는 사람은 반드시 하나님께서 보호하신다. 하나님 마음에 합한 중심을 갖는 훈련은 결국 영혼을 사랑하는 훈련이다. 인생은 하나님 마음을 공유하는 훈련이다.

8. 다윗이 받은 세 번째 훈련은 '삶의 훈련'이라고 할 수 있다. 이 훈련의 핵심은 무엇이라고 할 수 있는가?(16,18절)

말씀살피기

사울의 아들 요나단이 일어나 수풀에 들어가서 다윗에게 이르러 그에게 하나님을 힘 있게 의지하게 하였는데[삼상 23:16]

두 사람이 여호와 앞에서 언약하고 다윗은 수풀에 머물고 요나단은 자기 집으로 돌아가니라[삼상 23:18]

인도자가이드 |

십 광야까지 도망간 다윗에게 요나단이 찾아와 하나님을 힘 있게 의지하게 한다. 하지만 현실은 절체절명의 시간이다. 하나님의 섭리로 살게 된 다윗은 '보이는 힘보다 보이지 않는 힘이 훨씬 크다.'라는 사실을 깨닫게 된다. '하나님 앞에서 살면 하나님으로 인해 힘 있게 살 수 있구나!'를 깨닫게 된 것이다.

9. 우리는 다윗의 삶을 통해서 보이는 상황에 낙심하지 않고, 보이지 않는 하나님 앞에서 하나님으로 인해 힘 있게 사는 삶을 살아야 한다는 교훈을 얻는다. 당신의 삶은 어떤가? 지금 현재 어떻게 사는 것이 하나님의 뜻이라고 생각하는가?

인도자가이드 |

인생에는 보이는 것들이 많다. 눈에 보이는 것들만 붙들고 살면, 힘들어서 못 산다. 보이지 않는 것을 붙들어야 힘 있게 살 수 있다. 히브리서 기자는 '믿음은 보지 못하는 것들의 실상'이라고 말한다. 보이지 않지만, 하나님 앞에서 하나님을 인하여 사는 삶의 훈련이 무엇인지 적용하도록 도우라.

|다짐하기|

10. 나는 내 인생의 세 가지 훈련을 잘 감당하고 있는지 돌아보고, 어떻게 하면 더 잘 감당할 수 있는지에 대한 구체적인 실천 사항을 나누어 보라.

하나님 훈련

사람 훈련

삶 훈련

첫 번째 훈련, 하나님 훈련

그일라에 블레셋이 쳐들어왔다는 사실을 듣고 그일라 사람들을 구하기 위해 다윗은 하나님께 묻기 시작한다. 왕으로서 하나님께 나아가는 훈련을 하고 있는 것이다. 하지만 문제는 부하들이 반대를 한다는 점이다. 그래서 다윗은 다시 하나님께 묻고, 응답을 근거로 블레셋을 친다. 반대에 부딪혔을 때 책망하거나 영적 권위로 누르려고 하지 않았다. 하나님께 나아갔다. 다윗은 하나님께 나아가는 훈련을 하고 있는 것이다. 아직도 준비되어 있지 못한 부하들을 배려하고 인정해 주는 방식이 하나님께 다시 묻는 것이다. 인생은 하나님께 다시 묻는 훈련이다. 쓰임받은 모든 사람은 제일 먼저 하나님을 배워갔다. 문제가 생기면 하나님께 나아가야 한다.

두 번째 훈련, 사람 훈련

그일라 사람들은 다윗의 은혜에도 불구하고 사울이 다윗을 잡으러 온다는 소식에 동요하여 다윗을 사울에게 넘기려고 한다. 다윗은 화가 났을 것이다. 하지만 다윗은 은혜를 원수로 갚는다고 격분하지 않았다. 대신에 조용히 그일라를 떠났다. 만약 다윗이 그일라 사람들을 야단치고 사울과 맞붙었다면 많은 사람이 죽게 되었을 것이다. 다윗이 아무 말 없이 그일라를 떠남으로 백성들을 안전하게 했다. 다윗은 지금 사람 훈련을 받고 있는 것이다. 자신을 배신할 수도 있는 그런 백성을 사랑하는 것이 왕의 사명이다. 왕의 사명은 혹독하게 훈련시켜서 은인을 배반하지 않는 괜찮은 사람들로 훈련하는 것이 아니라 그들의 안위를 가장 먼저 생각하는 것이다. 하나님께서 이스라엘 백성을 사랑하는 마음을 다윗도 가져야 했다.

세 번째 훈련, 삶의 훈련

다윗은 계속되는 사울의 수색으로 십 광야까지 도망가게 된다. 그때 요나단이 다윗을 찾아온다. 그리곤 하나님을 힘 있게 의지하게 하였다. 정확하게는 '하나님으로 인하여(through) 너의 손을 굳세게 하라'라는 뜻이다(NRSV). 그 이유는 첫째는 사울이 다윗에게 미치지 못할 것이고, 둘째는 다윗이 왕 될 것을 사울이 알기 때문이다. 그리고 18절에 보면, 다윗으로 하여금 '여호와 앞에서' 다시 헤세드를 실천할 것을 언약하게 한다. 요나단이 마지막으로 다윗에게 한 말은 상황이 어렵지만, '여호와 앞에서' 살면 '여호와로 인하여' 힘 있게 살 수 있다는 말이다. 다윗은 지금 하나님을 의지하는 삶의 훈련을 하고 있는 것이다. 요나단이 떠나고 다윗의 일생에 가장 큰 위기가 찾아온다. 하지만 다윗은 보이는 상황에 낙심하지 않고, 보이지 않는 하나님 앞에서 하나님으로 인해 힘 있게 사는 삶을 훈련한다. 인생은 하나님으로만 힘 있게 살 수 있다. 하나님 훈련, 사람 훈련, 삶의 훈련을 통해 장차 하나님 앞에 설 때 하나님 마음에 합한 사람이 되는 것이다.

|청년 자기 체크리스트|

아래의 체크리스트를 가지고 오늘 소그룹 모임에 임한 자신의 태도를 충분히 점검해 보라.

점검 사항		5	4	3	2	1
준비 및 예습	본 과를 준비하면서 충분히 예습은 하였는가					
	각 과의 분명한 목적은 알고 모임에 임했는가?					
	성령께서 나를 만지시도록 기도로 준비하였는가?					
	소그룹원들을 위해서 중보하였는가?					
	리더를 위해서 중보하였는가?					
	나를 변화시키실 하나님을 기대하는 마음으로 임했는가?					
참여 및 자세	적극적으로 질문과 대답에 참여했는가?					
	정직하게 자신을 오픈했는가?					
	지체들의 발표에 사랑하는 마음으로 공감적 경청을 하였는가?					
	모임 중 성령의 인도하심을 계속적으로 기도했는가?					
	하나님께서 원하시는 것이 무엇인지 분명히 알았는가?					
	발견된 진리를 삶과 인격에 적용하기로 결단했는가?					
	이번주에 중보할 지체를 발견했는가?					
적용 및 결단	삶과 인격 변화를 위한 이번주 자신의 적용은 구체적인가?					
	배운 내용이 삶의 상황에 분명히 적용되었는가?					
	소그룹 모임에 대한 만족감이 있었는가?					
	배운 내용을 분명하게 정리했는가?					
	이번 과의 주제와 목적을 분명히 알게 되었는가?					
	삶과 인격의 변화를 위해 기도할 준비가 되어 있는가?					
평가	이번주 총점					

"그러므로 내 사랑하는 형제들아 견실하며 흔들리지 말고 항상 주의 일에 더욱 힘쓰는 자들이 되라 이는 너희 수고가 주 안에서 헛되지 않은 줄 앎이라" (고전 15:58)

- 이번주 생일자는?
- 다음주 청년부 행사는?
- 이번 달 암송 구절과 필독서는?
- 이번주 소그룹 특이 사항은?
- 다음주 전도할 대상은?

9과
영적 성숙

사무엘상 26장 1~25절

성숙한 사람과 미숙한 사람의 차이점이 뭘까?
우리 주위에는 성숙한 사람도 있고 미숙한 사람도 있다.
'미숙한 사람은 인연도 악연으로 만들지만,
성숙한 사람은 악연도 인연으로 만든다.'
미숙한 사람은 자기가 좋아하는 일만 찾지만,
성숙한 사람은 자기가 해야 할 일을 찾는다.
미숙한 사람은 자신의 불행을 현미경으로 바라보지만,
성숙한 사람은 자신의 불행을 망원경으로 바라본다.'라는 말이 있다.
우리는 어떤 사람에 속할까?
하지만 이 두 사람은 다른 사람이 아니다.
성숙은 고난과 매우 가까이 있다.
우리가 인생을 살면서 고난에 익숙해 진다면
성숙한 사람이 될 가능성이 크기 때문이다.
그런 의미에서 인생의 고난은 나쁜 것만은 아니다.

말씀암송 | 디모데전서 4장 15절

이 모든 일에 전심 전력하여 너의 성숙함을 모든 사람에게 나타나게 하라

|다가서기|

1. 당신이 생각하는 영적 성숙과 영적 미성숙은 어떤 것인가? 그 차이점을 자신의 말로 나누어 보자.

인도자가이드 |

신앙생활을 하는 모든 사람은 자신만의 기준이 있다. 문제는 그 기준이 성경에 기인하지 않는다는 점이다. 영적 성숙함을 바라보는 시각도 마찬가지다. 답이 없는 질문에 각자의 의견을 진솔하게 나눌 수 있으면 좋다.

|깊이보기| 사무엘상 26장 1~25절

2. 본문을 읽고 이야기의 줄거리를 자신의 말로 그룹원들에게 들려 주라.

인도자가이드 |

본문은 사울이 십 사람들의 첩보를 받고 다윗을 잡으려고 다시 군사 삼천 명과 함께 추격하는 상황이다. 다윗은 아비새와 함께 한밤중에 사울의 진영으로 들어간다. 모든 군사가 깊이 잠든 까닭에 다윗이 온 줄을 알지를 못한다. 사울을 죽이라는 아비새의 권유를 부리치고 다윗은 '여호와의 기름부음 받은 자를 치는 것은 하나님께서 금하셨다.'라고 하며 사울의 창과 물통만 가지고 나온다. 그리고 건너편 산꼭대기에서 사울의 군대장관 아브넬을 깨워 책망하자 사울은 자신을 죽이지 않은 다윗에게 복과 승리를 빈다는 내용이다.

3. 본문을 통해 우리는 광야 생활 가운데 다윗이 얼마나 영적으로 성숙해졌는지를 가늠할 수 있다. 첫 번째 영적 성숙의 모습은 어떻게 정의할 수 있겠는가?(10,11절)

말씀살피기

다윗이 또 이르되 여호와께서 살아 계심을 두고 맹세하노니 여호와께서 그를 치시리니 혹은 죽을 날이 이르거나 또는 전장에 나가서 망하리라, 내가 손을 들어 여호와의 기름 부음 받은 자를 치는 것을 여호와께서 금하시나니 너는 그의 머리 곁에 있는 창과 물병만 가지고 가자 하고[삼상 26:10,11]

인도자가이드 |

앞선 25장의 나발 사건을 통해 다윗은 영적으로 크게 성숙하게 된다. 그것은 아무리 악한 인간이라도 스스로 원수를 갚지 않고 하나님께 맡겨야 한다는 사실을 깨달은 것이다. 이 영적 깨달음이 사울에게 그대로 적용된다. 다윗의 영적 성숙은 '인생은 하나님께 맡겨야 한다.'라는 것을 깨달은 것이다.

4. 다윗의 영적 성숙함은 하나님의 주권을 인정하고 주님께 모든 것을 맡기는 것을 의미한다. 이 영적 성숙의 원리를 온유함과 관련하여 설명해 보라(마5:5). 당신에게는 이런 영적 성숙이 있는가?

말씀살피기

온유한 자는 복이 있나니 그들이 땅을 기업으로 받을 것임이요[마 5:5]

인도자가이드 |

온유하다는 말은 하나님의 때를 기다리는 것이다. 성격을 말하는 것이 아니다. 그래서 구약에서 온유한 사람의 상징이 혈기로 사람을 죽인 모세일 수 있는 것이다. 우리 인생의 중요한 부분을 절대자에게 맡기는 것은 비겁하고 무책임한 행동처럼 보일 수 있지만, 사실은 성숙한 사람만이 할 수 있는 영적인 힘이다.

5. 당신의 인생은 하나님께 맡긴 바 된 인생인가? 그 이유는 무엇이고, 맡기지 못한 부분은 혹시 무엇인지 있다면 나누어 보라(시37:5).

말씀살피기

네 길을 여호와께 맡기라 그를 의지하면 그가 이루시고[시 37:5]

인도자가이드 |

성숙하지 못한 사람은 하나님께 맡기지 못한다. 내가 걱정하고 염려하는 부분 안에 내가 맡기지 못한 영역이 있다. 비록 갈등과 불안이 있지만 기도하고 있다면 하나님께 맡긴 것일테다.

6. 다윗의 두 번째 영적 성숙은 어떻게 묘사할 수 있겠는가?(9,12절)

말씀살피기

다윗이 아비새에게 이르되 죽이지 말라 누구든지 손을 들어 여호와의 기름 부음 받은 자를 치면 죄가 없겠느냐 하고[삼상 26:9]

다윗이 사울의 머리 곁에서 창과 물병을 가지고 떠나가되 아무도 보거나 눈치 채지 못하고 깨어 있는 사람도 없었으니 이는 여호와께서 그들을 깊이 잠들게 하셨으므로 그들이 다 잠들어 있었기 때문이었더라[삼상 26:12]

인도자가이드 |

다윗은 사울을 죽이는 대신 창과 물병을 가지고 나온다. 물병은 광야에서 생명을 유지하는 유일한 수단이고, 창은 왕의 신분을 나타내는 것으로, 다윗은 사울의 생명과 왕권을 가지고 나왔다는 뜻이 된다. 더 이상 사울은 다윗을 죽일 수 없다는 말이다. 다윗에게는 사울을 죽일 백 가지 이유가 있다. 하지만 '그가 여호와께 기름 부음 받은 자'이기 때문에 죽이지 않았다. 이것이 사울을 죽이지 않은 단 한 가지의 이유다. 다윗의 영적 성숙은 형제 사랑의 이유를 깨닫는 모습으로 발전한 듯 하다.

7. 형제를 사랑해야 하는 성경적 이유가 무엇인가?(요일 4:10,11) 당신은 형제를 무엇 때문에 사랑하는가?

말씀살피기

사랑은 여기 있으니 우리가 하나님을 사랑한 것이 아니요 하나님이 우리를 사랑하사 우리 죄를 속하기 위하여 화목 제물로 그 아들을 보내셨음이라, 사랑하는 자들아 하나님이 이같이 우리를 사랑하셨은즉 우리도 서로 사랑하는 것이 마땅하도다[요일 4:10,11]

인도자가이드 |

형제를 사랑하는 것은 우리가 가진 사랑으로 하는 것이 아니라 하나님께서 우리를 사랑하셨다는 사실을 깨달음으로 하는 것이다. 따라서 형제의 됨됨이와는 아무 상관이 없다. 내가 얼마나 하나님의 사랑을 많이 깨달았느냐가 형제를 사랑하는 기준이다.

8. 다윗의 세 번째 영적 성숙의 측면은 어떤 것인가?(19절)

말씀살피기

원하건대 내 주 왕은 이제 종의 말을 들으소서 만일 왕을 충동시켜 나를 해하려 하는 이가 여호와시면 여호와께서는 제물을 받으시기를 원하나이다마는 만일 사람들이면 그들이 여호와 앞에 저주를 받으리니 이는 그들이 이르기를 너는 가서 다른 신들을 섬기라 하고 오늘 나를 쫓아내어 여호와의 기업에 참여하지 못하게 함이니이다[삼상 26:19]

인도자가이드 |

다윗이 건너편 산꼭대기에서 사울에게 만약 나를 해하려는 이가 하나님이시면 기꺼이 죽겠지만, 사람이 해하려는 것이라면 그는 저주를 받기를 원한다고 말한다. 다윗은 이제 주님의 뜻이면 죽음이라도 기꺼이 순종하겠다는 깊은 영적 성숙의 세계에 들어와 있다. 고난은 우리를 순종이라는 영적 성숙의 열매를 맺게 한다.

9. 당신은 죽음을 어떻게 맞이할 것 같은가? 그 이유는 무엇인가? 우리는 어떻게 죽음을 맞이해야 할까?

인도자가이드 |

죽음은 죄의 결과이기도 하지만 이 인생을 주도하시는 하나님을 향한 최종적인 순종이기도 하다. 따라서 기력이 쇠하여, 사고로, 혹은 병에 걸려 죽는다 하더라도 하나님 앞에서 믿음으로 받아들이고, 죽음까지도 믿음의 행위, 순종의 행위가 되게 해야 한다.

|다짐하기|

10. 나를 영적으로 성숙케 하는 대상은 누구인가? 가능하다면 찾아가 고맙다는 표현을 직,간접적으로 해 보라.

인도자가이드 |

우리 인생은 어떤 의미에서 고난의 연속이다. 그 말은 우리를 성숙시키시는 하나님의 섭리 속에 있다는 말이다. 따라서 완전히 깨진 관계가 아니라면 불편함과 서먹함을 무릅쓰고 감사하는 표현을 하는 것은 믿음의 문제지, 성품의 문제가 아니다.

|관점얻기|

영적 성숙 1 : 인생을 하나님께 맡김

다윗이 밤중에 아비새와 함께 사울 진영 가운데로 들어갔을 때, 사울은 물론이고 군대장관 아브넬과 모든 군사가 깊이 잠들어 있다. 그러자 아비새가 "다윗이여 오늘 하나님께서 당신의 원수를 당신 손에 넘기셨습니다. 제가 저 사울의 창으로 두 번 찌를 것도 없이 단 번에 찔러 죽이겠습니다. 허락해 주십시오."라고 말한다. 하지만 다윗은 허락지 않고 하나님의 주권에 맡긴다. 원수 갚는 일을 자신이 하지 않겠다는 말이다. 다윗은 앞선 25장에서 나발 사건을 통해 하나님이 직접 심판하시는 것을 생생하게 경험하면서 중요한 영적 원리를 하나 깨닫게 된 것이다. 그것은 '인생은 하나님께 맡겨야 한다.'라는 것이다. 우리 주님은 이 영적인 원리를 마태복음 5장 5절에서 '온유함'으로 설명하셨다. 온유하다는 것은 하나님의 때를 기다리는 것이다. 구약에서 온유한 사람의 상징이 모세와 이삭이다. 둘 다 땅을 차지하는 삶을 살았다. 온유란 인생을 주님께 맡기는 것이다. 이 인생 광야에서 내 인생을 하나님께 참으로 맡기고 사는 영적 성숙이 있을 때 비로소 땅을 차지하는 은혜가 임한다.

영적 성숙 2 : 형제 사랑의 이유를 앎

다윗은 사울을 죽이는 대신에 머리 곁에 있던 창과 물병만을 가지고 나온다. 여기에는 중요한 의미가 있다. 물병은 광야에서 생명을 유지하는 유일한 수단이고, 창은 왕의 신분을 나타내는 것으로 사울은 이 창으로 다윗을 두 번이나 죽이려고 했다. 그런데 그것을 다윗이 가지고 나왔다. 이 말은 다윗이 사울의 생명과 왕권을 가졌다는 말이고, 더 이상 사울은 다윗을 죽일 수 없다는 말이다. 다윗에게는 사울을 죽일 백 가지 이유가 있었지만, 죽이지 않은 단 한 가지 이유, 그것은 '사울이 여호와께 기름 부음 받은 자'라는 것이다. 오늘날 '여호와께 기름부음 받은 자'는 성령으로 기름 부음 바 된, 성령이 임재하신 모든 그리스도인을 말한다. 우리가 그 숱한 광야의 삶을 통해 깨달아야 하는 또 하나의 영적 원리는 형제를 해하면 안 되는 이유다. 그 사람을 미워할 백 가지 이유가 있어도, 그가 하나님의 성령으로 기름 부은 바 된 자라는 이유 하나 만으로 미워하지 말아야 한다. 이것이 성숙한 사람의 모습이다.

영적 성숙 3 : 기꺼이 순종하는 결단

다윗이 건너편 산꼭대기에서 아브넬과 이야기하는 것을 사울이 듣고 대화에 개입한다. 그때 다윗은 사울에게 만약 나를 해하려는 이가 하나님이시면 기꺼이 그 제물이 되겠다고 말한다. 주님의 뜻이면 죽음이라도 기꺼이 순종하겠다는 깊은 영적 성숙의 세계에 들어와 있다. 고난이 사람을 이토록 깊게 만든 것이다. 영적 성숙의 열매는 결국 순종으로 드러난다. 다윗의 죽기까지 순종은 죽기까지 순종하셨던 예수 그리스도를 드러내는 지경까지 와 있다. 죽기까지 순종하는 이 자리가 바로 우리가 이 땅에서 당도해야 할 영적 성숙의 자리다. 그래서 결국 당도하게 될 우리의 죽음을 두려움이나 억지로가 아니라, 어쩔 수 없어서가 아니라 기꺼이 순종으로 받아들이는 자리까지 가야 한다.

|청년 자기 체크리스트|

아래의 체크리스트를 가지고 오늘 소그룹 모임에 임한 자신의 태도를 충분히 점검해 보라.

	점검 사항	5	4	3	2	1
준비 및 예습	본 과를 준비하면서 충분히 예습은 하였는가					
	각 과의 분명한 목적은 알고 모임에 임했는가?					
	성령께서 나를 만지시도록 기도로 준비하였는가?					
	소그룹원들을 위해서 중보하였는가?					
	리더를 위해서 중보하였는가?					
	나를 변화시키실 하나님을 기대하는 마음으로 임했는가?					
참여 및 자세	적극적으로 질문과 대답에 참여했는가?					
	정직하게 자신을 오픈했는가?					
	지체들의 발표에 사랑하는 마음으로 공감적 경청을 하였는가?					
	모임 중 성령의 인도하심을 계속적으로 기도했는가?					
	하나님께서 원하시는 것이 무엇인지 분명히 알았는가?					
	발견된 진리를 삶과 인격에 적용하기로 결단했는가?					
	이번주에 중보할 지체를 발견했는가?					
적용 및 결단	삶과 인격 변화를 위한 이번주 자신의 적용은 구체적인가?					
	배운 내용이 삶의 상황에 분명히 적용되었는가?					
	소그룹 모임에 대한 만족감이 있었는가?					
	배운 내용을 분명하게 정리했는가?					
	이번 과의 주제와 목적을 분명히 알게 되었는가?					
	삶과 인격의 변화를 위해 기도할 준비가 되어 있는가?					
평가	이번주 총점					

"그러므로 내 사랑하는 형제들아 견실하며 흔들리지 말고 항상 주의 일에 더욱 힘쓰는 자들이 되라 이는 너희 수고가 주 안에서 헛되지 않은 줄 앎이라" (고전 15:58)

- 이번주 생일자는?
- 다음주 청년부 행사는?
- 이번 달 암송 구절과 필독서는?
- 이번주 소그룹 특이 사항은?
- 다음주 전도할 대상은?

10과
영적 침체

사무엘상 27장 1절~28장 2절

누군가의 아픔과 고민을 들었을 때 당신은 어떻게 말해 주는가?

대부분 사람은 '충조평판'을 한다고 한다.

'충고, 조언, 평가, 판단'의 줄임말이다.

악의가 없이도 상대방에게 상처를 줄 수 있다는 사실을 알아야 한다.

힘든 사람에게 중요한 것은 '내 말'이 아니라 '그의 말'이다.

내 말보다 그의 말을 들어주는 것이 더 중요하다.

그래서 '공감은 배워야 할 수 있는 것'이라고 말한다.

인간이 줄 수 있는 최고의 선물이 공감이다.

하지만 상황은 그대로라면 어떨까?

인간은 사람과 상황을 변화시킬 능력이 없기에

그저 공감은 공감으로 끝이 난다.

하지만 하나님은 다르다.

어쭙잖은 우리의 말이라도 경청하시는 공감의 귀재시다.

하지만 공감으로 끝나지 않으시고 우리의 문제를 해결하시는

문제 해결의 끝판왕이시다.

본문에는 이 하나님의 모습이 드러난다.

말씀암송 | 데살로니가후서 2장 16,17절

우리 주 예수 그리스도와 우리를 사랑하시고 영원한 위로와 좋은 소망을 은혜로 주신 하나님 우리 아버지께서, 너희 마음을 위로하시고 모든 선한 일과 말에 굳건하게 하시기를 원하노라

|다가서기|

1. 당신은 언제 영적 침체를 경험하는가? 내가 자주 넘어지는 부분은 어떤 것인지 생각해 보고 나누어 보라.

인도자가이드 |

사람은 누구에게나 영적 침체를 경험하는 꼭짓점이 있기 마련이다. 다른 건 다 괜찮고 참고 넘길 수 있는데, 특정 부분만 건드리면 폭발한다든지, 우울해진다든지, 참기가 어려운 부분이 바로 그것이다. 영적 침체는 방탕한 삶으로 인해 생기는 것이 아니다. 방탕한 삶은 영적 침체의 결과다. 영적 침체는 내 속에 있는 상처나 혹은 다른 문제일 가능성이 크다.

|깊이보기| 사무엘상 27장 1절~28장 2절

2. 본문을 잘 읽고 이야기의 배경을 자신의 말로 정리해서 들려주라.

인도자가이드 |

본문은 사울이 두려웠던 다윗이 식솔들을 데리고 블레셋의 가드왕 아기스에게로 망명하는 사건을 다룬다. 다윗은 아기스에게서 시글락이라는 성읍을 얻어 그곳을 거점 삼아 살아간다. 그러면서 다윗은 아기스에게 유다 족속을 약탈한 것처럼 보고했지만 사실은 유다의 적들을 약탈한 것이다. 그러던 어느 날 블레셋은 이스라엘과의 전면전을 계획하게 되고, 다윗을 선봉에 서도록 제안한다. 다윗은 이러지도 못하고, 저러지도 못하는 위기에 봉착하게 된다는 내용이다.

3. 다윗이 갑자기 블레셋 가드 왕 아기스에게로 망명한 이유는 무엇인가?(1절)

말씀살피기

다윗이 그 마음에 생각하기를 내가 후일에는 사울의 손에 붙잡히리니 블레셋 사람들의 땅으로 피하여 들어가는 것이 좋으리로다 사울이 이스라엘 온 영토 내에서 다시 나를 찾다가 단념하리니 내가 그의 손에서 벗어나리라 하고[삼상 27:1]

인도자가이드 I

다윗은 마음에 생각했다. 아직 오지도 않은 미래의 부정적인 결말을 미리 짐작하고 두려워한 것이다. 하나님의 기름 부은 자를 죽이지 않았고, 나발의 사건을 통해서 하나님이 일하시는 것을 생생하게 체험했지만, 이런 영적인 승리 이후에 다윗에게는 일종의 영적 공허, 영적 침체가 찾아온 것이다.

4. 다윗의 영적 침체(공허)와 엘리야의 영적 침체를 비교해 보라(왕상18,19장). 영적 침체는 주로 어떤 경우에 찾아온다고 할 수 있는가?

인도자가이드 I

다윗은 마음에 생각했다. 하나님의 생각, 하나님의 말씀이 아니라 자기 생각을 따른 것이다. 사울이 두려웠다. 그래서 인간적인 계산으로 사울과 적대관계에 있는 블레셋으로 간 것이다. 지속되는 피곤한 도망자 생활에 지친 것이다. 엘리야도 850명의 바알과 아스다롯의 선지자들을 죽이고 승리한 후에 영적 침체가 찾아왔다. 믿음으로 살았지만, 고난의 기간이 길어질 때 영적 침체는 찾아온다.

5. 당신에게는 영적 침체가 언제 찾아오는가? 영적 침체가 찾아왔을 때 주로 하는 생각은 무엇인지 허심탄회하게 나누어 보라.

인도자가이드 |

영적 침체는 영적 승리 후에 찾아오는 경향이 있다. 인간의 죄성은 승리를 온전히 누리게도 하지 못하는 것이다. 그럴 때 우리는 주로 하나님의 말씀과 반대되는 생각을 하고, 하나님의 능하심보다는 우리의 무능함을 묵상하고, 미래의 소망을 기대하기보다 미래의 두려움을 더 크게 생각한다.

6. 다윗이 블레셋으로 망명한 것은 결국 어떤 문제로 치닫게 되는가?(삼상28장1절) 여기서 발견할 수 있는 영적 침체의 공식 하나를 정리해 보라.

자기 □□(1절) + 아기스 □□(12절) = 감당치 못할 일(28장 1절)

말씀살피기

다윗이 그 마음에 생각하기를 내가 후일에는 사울의 손에 붙잡히리니 블레셋 사람들의 땅으로 피하여 들어가는 것이 좋으리로다 사울이 이스라엘 온 영토 내에서 다시 나를 찾다가 단념하리니 내가 그의 손에서 벗어나리라 하고[삼상 27:1]

아기스가 다윗을 믿고 말하기를 다윗이 자기 백성 이스라엘에게 심히 미움을 받게 되었으니 그는 영원히 내 부하가 되리라고 생각하니라[삼상 27:12]

그 때에 블레셋 사람들이 이스라엘과 싸우려고 군대를 모집한지라 아기스가 다윗에게 이르되 너는 밝히 알라 너와 네 사람들이 나와 함께 나가서 군대에 참가할 것이니라[삼상 28:1]

정답: 생각, 생각, 27장은 다윗의 생각(1절)으로 시작해서 아기스의 생각(12절)으로 끝난다. 그리고 이스라엘의 왕이 이스라엘을 쳐야 하는 감당치 못할 상황이 초래된다. 이것이 바로 영적 침체의 공식이다. 문제 앞에 하나님의 생각과 말씀이 아니라 나의 생각을 대입하면 결국 감당치 못할 일이 발생하는 것이다. 자기 생각에 세상 가치가 더해지면 감당치 못할 일이라는 답이 나온다.

7. 다윗의 모습을 통해 적용할 수 있는 영적 침체의 위험성은 무엇인지 나누어 보라.

인도자가이드 I

사람은 누구나 영적 침체 가운데 빠질 수 있다. 그렇기 때문에 영적 침체가 이상한 것이 아니다. 그 침체의 상황 가운데 선택하게 되는 것이 위험한 것이다. 거기에 세상의 가치와 마귀적 속삭임이 더해지면 감당치 못할 일, 후회해도 소용없는 일, 절대 하지 말았어야 할 일 등이 일어나는 것이다.

8. 다윗은 이 영적 침체를 스스로 극복하지 못했다. 하지만 하나님은 여전히 그를 이스라엘의 왕으로 준비시키고 계셨다. 시글락(6절)을 차지하고, 아말렉(8절)을 진멸하는 모습을 통해 하나님의 일하심을 발견해 보라.

말씀살피기

아기스가 그 날에 시글락을 그에게 주었으므로 시글락이 오늘까지 유다 왕에게 속하니라[삼상 27:6]

다윗과 그의 사람들이 올라가서 그술 사람과 기르스 사람과 아말렉 사람을 침노하였으니 그들은 옛적부터 술과 애굽 땅으로 지나가는 지방의 주민이라[삼상 27:8]

인도자가이드 I

여호수아 15장과 19장에 보면, 시글락은 여호수아가 시므온과 유다 지파에 준 땅이다. 하지만 정복하지 못한 땅이었다. 그런데 400년 뒤에 다윗을 통해 이 시글락을 차지하게 하신다. 그뿐만 아니라 다윗은 여호와께서 대대로 진멸할 대적으로 선언하신 아말렉을 진멸하고 있다. 사무엘상 30장 26절에 보면, 다윗은 이들에게 탈취한 것을 친구인 유다 장로들에게 보내었음을 알 수 있다. 다윗은 지금 비록 영적 침체 가운데 있지만, 하나님은 다윗 속에서, 다윗을 통해서 여전히 일하고 계신 것이다.

9. 나의 삶 속에서도 하나님은 역사하고 계심을 믿는가? 그 이유는 무엇이고, 그렇지 않다면 그 이유는 무엇인가?(롬8장28절)

말씀살피기

우리가 알거니와 하나님을 사랑하는 자 곧 그의 뜻대로 부르심을 입은 자들에게는 모든 것이 합력하여 선을 이루느니라[롬 8:28]

인도자가이드 I

우리는 낙담하고, 공허해서 영적 침체 가운데 빠져도 하나님께 영적 침체란 없다. 하나님께서는 우리의 영적 침체도 사명을 이루는 퍼즐이 되게 하신다. 하나님은 우리의 영적 부흥을 위해서만 일하신다. 모든 것이 합력하여 기필코 선을 이루게 하실 만큼 하나님은 우리의 영적 침체 속에서도 일하신다.

|다짐하기|

10. 영적 침체를 극복하는 것은 하나님께 피하는 것이다. 하나님께 피하는 것은 어떤 것이고, 이것을 실천하기 위해 구체적으로 어떤 계획을 세울 수 있는지 나누어 보라.

인도자가이드 |

우리 생각으로만 가득 차면 반드시 영적 침체 가운데 빠진다. 하지만 하나님의 생각으로 계속 채우면 영적 부흥을 맛본다. 하나님의 생각은 하나님의 말씀 속에 있다. 말씀을 묵상하고, 암송하고, 공부하고, 실천하는 가운데 영적 부흥이 주어진다.

|관점얻기|

영적 침체는 언제 찾아오는가?

다윗은 마음 속에 부정적인 생각을 담기 시작했다(1절). 1절의 '마음에 생각하기'를 직역하면 '다윗이 그 마음에 말하기를'이다. 하나님의 생각, 하나님의 말씀이 아니라 자기 생각을 따른 것이다. 일종의 영적 공허가 찾아온 것이다. 이제 도망자 생활에 지쳐간 것이다. 그런데 이 영적 공허는 26장에서 사울을 죽이지 않은 그 멋진 승리 뒤에 두려움으로 엄습한다. 영적 침체는 승리 후에 찾아오는 경향이 있다. 다윗은 말씀대로 살았지만, 사울은 변하지 않았고, 상황도 그대로다. 그럴 때 영적 공허, 영적 침체가 찾아온다. 이 모습은 열왕기상 18,19장에 나오는 엘리야의 모습과 비슷하다. 850명의 바알과 아스다롯의 선지자들을 죽이고 엄청난 승리를 했다. 하지만 '내일 이맘때까지 너를 죽이리라.' 한 이세벨의 말 한마디에 엘리야는 광야로 도망하여 로뎀 나무 아래에서 '여호와여 넉넉하오니 이제 내 생명을 거두시옵소서.'라고 낙망한다. 승리 뒤에 영적 침체가 찾아온 것이다.

영적 침체의 위험성

다윗이 블레셋으로 망명함에 따라 사울의 위협으로부터 다소간 자유롭게 되고, 식솔들도 먹고사는 데 지장이 없게 되었다.

하지만 28장 1,2절을 보면, 블레셋이 이스라엘과의 전면전을 준비하면서 다윗이 선봉장에 서게 되는 감당치 못할 일이 발생한다. 27장은 다윗의 생각(1절)으로 시작해서 아기스의 생각(12절)으로 끝난다. 그리고 이스라엘의 왕이 이스라엘을 쳐야 하는 상황이 초래된다. 여기서 우리는 영적 침체의 공식 하나를 발견하게 된다. 자기 생각에 세상 가치가 더해지면 감당치 못할 일이라는 답이 나온다는 것이다. 그리스도인은 자기 생각대로 살면 안 된다. 왜냐하면, 자기 생각은 절대 자기 생각으로만 끝나지 않기 때문이다. 거기에 사탄의 생각, 세상적 가치가 더해진다. 그래서 감당치 못하는 일이 되는 것이다. 여기에 대해서는 가룟 유다가 귀한 교훈을 전해 준다.

영적 침체의 유익

다윗은 영적 침체 속에 있지만, 하나님은 여전히 일하신다. 여호수아 15장과 19장에 보면, 시글락은 여호수아가 시므온과 유다 지파에게 준 땅이다. 하지만 정복하지 못한 땅이었다. 그런데 하나님께서는 400년 뒤에 다윗을 통해 이 시글락을 차지하게 하신 것이다. 8절은 다윗이 친 족속을 소개하는데, 중간에 '왜냐하면'이 생략되어 있다. 이 말은 이들을 친 이유를 설명하는데, 그 이유는 이들이 이스라엘을 노략하는 족속들이었기 때문이었다. 여기에 여호와께서 대대로 진멸할 대적으로 선언하신 아말렉이 있다. 그러니까 왕으로 세움받은 사울이 진멸하지 않은 아말렉을 다윗이 진멸하고 있는 것이다. 다윗은 지금 비록 영적 침체 가운데 있지만, 하나님은 다윗 속에서, 다윗을 통해서 여전히 일하고 계신 것이다. 하나님께서는 우리의 영적 침체도 사명을 이루는 퍼즐이 되게 하신다. 하나님은 영적 부흥을 위해서만 일하신다.

영적 침체를 극복하려면

다윗은 아기스의 전쟁 참전 명령에 “당신의 종이 행할 바를 아시리이다.”라고 대답한다(28장2절). 이 말은 다윗이 다윗 스스로 이 영적 침체를 극복할 수 없었다는 것을 시사한다. 결국, 하나님께서 해결하신다. 아기스의 신하들이 다윗의 참전을 강하게 반대하고 나서면서 자연스럽게 이스라엘 왕이 이스라엘을 치는 일은 일어나지 않았다. 이 일을 통해 다윗은 다시 한번 깨달았을 것이다. 문제 해결은 다른 곳이 아니라 하나님께 피하는 것이라는 사실을 말이다. 동일한 영적 침체 가운데 빠졌던 엘리야도 영적 침체를 극복하지 못했다. 하지만 그때도 하나님께서 그를 회복시키신다. 열왕기상 19장 11,12절에 보면, 영적 침체는 강한 바람과 지진과 불과 같은 체험으로 회복되는 것이 아니다. 비록 세미한 듯하지만, 하나님의 말씀으로만 회복되었다. 영적 침체는 하나님의 생각인 하나님의 말씀을 끊임없이 가까이 함으로 하나님의 생각이 내 생각을 대신하게 하는 것이다.

|청년 자기 체크리스트|

아래의 체크리스트를 가지고 오늘 소그룹 모임에 임한 자신의 태도를 충분히 점검해 보라.

점검 사항		5	4	3	2	1
준비 및 예습	본 과를 준비하면서 충분히 예습은 하였는가					
	각 과의 분명한 목적은 알고 모임에 임했는가?					
	성령께서 나를 만지시도록 기도로 준비하였는가?					
	소그룹원들을 위해서 중보하였는가?					
	리더를 위해서 중보하였는가?					
	나를 변화시키실 하나님을 기대하는 마음으로 임했는가?					
참여 및 자세	적극적으로 질문과 대답에 참여했는가?					
	정직하게 자신을 오픈했는가?					
	지체들의 발표에 사랑하는 마음으로 공감적 경청을 하였는가?					
	모임 중 성령의 인도하심을 계속적으로 기도했는가?					
	하나님께서 원하시는 것이 무엇인지 분명히 알았는가?					
	발견된 진리를 삶과 인격에 적용하기로 결단했는가?					
	이번주에 중보할 지체를 발견했는가?					
적용 및 결단	삶과 인격 변화를 위한 이번주 자신의 적용은 구체적인가?					
	배운 내용이 삶의 상황에 분명히 적용되었는가?					
	소그룹 모임에 대한 만족감이 있었는가?					
	배운 내용을 분명하게 정리했는가?					
	이번 과의 주제와 목적을 분명히 알게 되었는가?					
	삶과 인격의 변화를 위해 기도할 준비가 되어 있는가?					
평가	이번주 총점					

"그러므로 내 사랑하는 형제들아 견실하며 흔들리지 말고 항상 주의 일에 더욱 힘쓰는 자들이 되라 이는 너희 수고가 주 안에서 헛되지 않은 줄 앎이라" (고전 15:58)

- 이번주 생일자는?
- 다음주 청년부 행사는?
- 이번 달 암송 구절과 필독서는?
- 이번주 소그룹 특이 사항은?
- 다음주 전도할 대상은?

11과
영적 무지

사무엘상 28장 3~25절

아는 것이 힘이라는 말이 있다.
이 말은 알아야 힘을 쓸 수 있다는 차원이 아니라,
힘을 잃을 상황에서 바로 알 때 용기를 낼 수 있다는 차원일 것이다.
그런 의미에서 신앙에 있어서 바로 아는 것은 너무나 중요하다.
영적 무지가 무엇인가?
영적 무지는 아예 모르는 것이 아니다.
영적 무지는 아는 사람들의 교만이다.
사울의 마지막 이야기는 '그가 얼마나 비운의 사람이었는가?'가 아니라
'얼마나 영적 무지의 사람이었는가?'를 보여준다.
사울의 영적 무지를 이해하면
우리는 영적 성숙으로 가는 길을 찾게 된다.

말씀암송 | 호세아 6장 3절

그러므로 우리가 여호와를 알자 힘써 여호와를 알자 그의 나타나심은 새벽 빛 같이 어김없나니 비와 같이, 땅을 적시는 늦은 비와 같이 우리에게 임하시리라 하니라

|다가서기|

1. 하나님 앞에서 나의 영적인 점수는 몇 점이라고 생각하는가? 10점을 만점으로 자신의 점수를 생각해 보고, 그렇게 생각하는 이유도 나누어 보라.

1	2	3	4	5	6	7	8	9	10

인도자가이드 |

몇 점인가는 유동성이 있다. 하지만 점수보다 더 중요한 것은 그렇게 생각하는 이유다. 리더는 각자의 생각을 유심히 듣고 영적 성숙의 시발점이 되게 도우라.

|깊이보기| 사무엘상 28장 3~25절

2. 본문을 읽고 이야기의 배경을 자신의 말로 정리해 보라. 가장 마음에 와 닿는 부분은 어떤 것인가?

인도자가이드 |

사무엘의 죽음 후에 블레셋이 쳐들어와서 수넴에 진을 쳤다. 두려운 사울은 엔돌의 신접한 여인을 찾아, 사무엘을 불러오게 한다. 불려진 사무엘(진짜인지 가짜인지는 알 수 없다.)은 말씀을 청종치 않았기 때문에 네 나라는 다윗에게 주어질 것이고, 너와 네 아들들은 내일 죽을 것'이라고 예언한다. 결국, 사울은 갈보아 산에서 죽게 된다는 내용이다. 본문은 사무엘의 죽음 이후 다윗과 사울을 대조하고 있다. 사무엘의 죽음 이후 다윗은 쫓겨 다니는 삶을 살다가 아비가일이라는 여자를 만나 회복되지만, 사울은 쫓는 삶을 살다가 신접한 여자를 만나 죽게 된다.

3. 본문에서 우리는 사울의 영적 무지 네 가지를 확인한다. 사울의 첫 번째 영적 무지는 무엇이라고 정의할 수 있겠는가?(6절)

말씀살피기

사울이 여호와께 묻자오되 여호와께서 꿈으로도, 우림으로도, 선지자로도 그에게 대답하지 아니하시므로[삼상 28:6]

인도자가이드 |

사울의 영적 무지는 언제든지 구하면 하나님께서 응답하실 것이라는 착각이었다(6절). 하나님은 이스라엘의 첫 왕인 사울에게 최고의 선지자를 붙여주셨건만 사울은 하나님의 말씀을 듣지 않았다. 하나님께서 가장 큰 위기 가운데 침묵하신 이유는 가장 평범할 때 듣지 않았기 때문이다. 늦은 것이다.

4. 사울의 영적 무지가 나에게 주는 교훈은 무엇인가?(사55:6)

말씀살피기

너희는 여호와를 만날 만한 때에 찾으라 가까이 계실 때에 그를 부르라[사 55:6]

인도자가이드 |

하나님을 만날 수 있는 것은 때가 있다. 인생은 내가 원하는 대로, 내가 원하는 때에 맞춰 돌아가지 않는다. 인생은 하나님의 때에, 하나님의 방법으로 돌아간다. 그러므로 아무 일이 일어나지 않는 일상의 때가 하나님을 가장 가까이 만날 수 있는 때임을 기억해야 한다. 이것을 모르는 것이 영적 무지다.

5. 사울의 두 번째 무지는 방법에 대한 무지라고 할 수 있다. 하나님께서 꿈으로도, 우림으로도, 선지자로도 말씀하시지 않자 사울은 어떻게 행동했는가?(7절) 사울의 잘못은 무엇이고, 그것이 나에게 시사하는 바는 무엇인가?

말씀살피기

사울이 그의 신하들에게 이르되 나를 위하여 신접한 여인을 찾으라 내가 그리로 가서 그에게 물으리라 하니 그의 신하들이 그에게 이르되 보소서 엔돌에 신접한 여인이 있나이다[삼상 28:7]

인도자가이드 I

6절의 '꿈'은 '꿈들'이다. 계속해서 꿈을 이용해서 신탁을 받고자 했다는 말이다. '우림'은 놉 제사장 학살 사건 때 아비아달이 에봇을 들고 다윗에게로 갔다. 사울에게는 에봇이 없다. '선지자'도 복수다. 참 선지자 갓도 다윗에게로 갔다. 그러므로 이것들은 다 가짜일 확률이 높다. 방법이 틀린 것이다. 하나님께서 대답하지 않으시니까 사울이 급기야 자기가 쫓아냈던 신접한 여인을 다시 찾는다. 하나님을 찾는 것은 귀한 것이다. 하지만 방법이 틀리면 하나님을 찾을 수 없고, 결국 틀린 해답을 얻게 된다.

6. 사울의 세 번째 영적 무지는 분별에 대한 무지다. 신접한 여인을 통해서 불러낸 사무엘이 참인지, 가짜인지 분별하지 못한다. 하나님의 뜻을 분별하는데 있어서 나에게도 잘못된 방법은 없는지 돌아보고, 하나님의 뜻을 바르게 분별하는 방법은 무엇인지 나누어 보라(롬12:2).

말씀살피기

너희는 이 세대를 본받지 말고 오직 마음을 새롭게 함으로 변화를 받아 하나님의 선하시고 기뻐하시고 온전하신 뜻이 무엇인지 분별하도록 하라[롬 12:2]

인도자가이드 I

여인이 불러낸 사무엘은 가짜다. 믿음의 선지자가 사탄의 하수인에 의해서 불려올 수는 없기 때문이고, 누가복음 16장 26절에서 예수님은 분명히 죽은 자는 다시 이생으로 건너올 수 없다고 단언하셨기 때문이다. 19절에 보면, 사무엘의 환영이 '내일 너와 네 아들들이 나와 함께 있으리라.'라고 말하는데, 사무엘이 불순종하여 버림받은 사울과 사후 세상이 같지는 않을 것이기 때문이다. 하나님의 말씀을 듣지 않았던 사울에게 하나님의 말씀은 사라졌고, 하나님의 말씀이 기준이 되지 못하자 분별하지 못한 것이다.

7. 사울의 네 번째 영적 무지는 문제 인식에 대한 무지다. 사울은 자신의 문제를 어떤 문제라고 생각하고 있는가?(15절).

말씀살피기

사무엘이 사울에게 이르되 네가 어찌하여 나를 불러 올려서 나를 성가시게 하느냐 하니 사울이 대답하되 나는 심히 다급하니이다 블레셋 사람들은 나를 향하여 군대를 일으켰고 하나님은 나를 떠나서 다시는 선지자로도, 꿈으로도 내게 대답하지 아니하시기로 내가 행할 일을 알아보려고 당신을 불러 올렸나이다 하더라[삼상 28:15]

인도자가이드 I

사무엘과의 대화를 통해 사울은 자신의 문제를 두 가지로 인식하고 있다는 사실을 알 수 있다. 첫째는 블레셋이 쳐들어온 것이고, 둘째는 하나님이 자기를 떠나신 것이다. 하지만 문제 인식이 잘못되었다. 근본적인 문제는 하나님이 자기를 떠나신 것이 아니라 자신이 하나님을 떠난 것이다. 그러니 블레셋이 찾아온 것이다.

8. 지금 당신이 맞닥뜨린 문제는 어떤 문제라고 생각하는가? 사울의 문제 인식과 비교하여 혹시 내가 잘못 인식하고 있는 부분은 없을지 묵상해 보라.

인도자가이드 |

재정의 문제일 수 있고, 관계의 문제일 수 있고, 건강의 문제일 수 있다. 하지만 어쩌면 하나님을 멀리한 문제일 수 있고, 말씀과 예배와 기도가 무너진 문제일 수 있다. 지금 내가 경험하고 있는 재정과 관계와 건강의 문제는 하나님께서 인식하고 계신 나의 문제를 깨달으라고 보내주신 블레셋일 수 있다.

9. 사울의 영적 무지가 가져다준 결과는 어떤 모습인가?(19,20,25절) 만약 나도 계속해서 영적 무지의 상태를 유지한다면 나의 상황은 어떤 결론이 날지도 상상해 보라.

말씀살피기

여호와께서 이스라엘을 너와 함께 블레셋 사람들의 손에 넘기시리니 내일 너와 네 아들들이 나와 함께 있으리라 여호와께서 또 이스라엘 군대를 블레셋 사람들의 손에 넘기시리라 하는지라[삼상 28:19]

사울이 갑자기 땅에 완전히 엎드러지니 이는 사무엘의 말로 말미암아 심히 두려워함이요 또 그의 기력이 다하였으니 이는 그가 하루 밤낮을 음식을 먹지 못하였음이니라[삼상 28:20]

사울 앞에와 그의 신하들 앞에 내놓으니 그들이 먹고 일어나서 그 밤에 가니라[삼상 28:25]

인도자가이드

사울은 '나와 함께 있으리라.'라는 말을 사탄에게 듣게 된다. 완전히 엎드러져 기력이 쇠하게 되었고, 그 인생의 밤 안으로 걸어 들어갔으며, 결국은 네 아들과 한 날, 한 시에 죽게 된다. 가장 비참한 결말을 맞이했다는 뜻이다. 우리의 상황도 하나님의 말씀을 저버리면 결국 최악의 상황이 초래할 수 있음을 기억해야 한다.

|다짐하기|

10. 결국 영적 무지를 극복하는 방법은 하나님의 말씀으로 돌아가는 것이다. 내가 어떻게 하나님의 말씀으로 돌아갈 수 있는지 구체적으로 정해서 나누어 보라.

인도자가이드 |

하나님의 말씀으로 돌아가는 방법은 하나님 말씀을 묵상하고, 연구하고, 암송하고, 실천하는 것이다. 그리고 무엇보다 나의 영적 무지를 인정하고 하나님의 영적 풍성함을 사모하는 기도를 시작해야 한다.

|관점얻기|

때에 대한 무지

사울은 사무엘이 죽자 신접한 여인들과 박수 남자들을 이스라엘 땅에서 쫓아냈다. 일종의 종교개혁이고, 사무엘에 대한 애도의 차원이라고 볼 수 있다. 하지만 문제가 생겼을 때 하나님의 대답을 들을 수 없자, 신접한 여인을 찾는다. 사울은 언제든지 하나님께 기도하면 들어주실 것이라고 생각한 것이다. 그러나 늦었다. 주님은 이미 수도 없이 말씀하셨다. 최고의 선지자를 붙여 주셨다. 하지만 사울은 하나님의 말씀을 듣지 않았다. 가장 큰 위기 가운데 침묵하신 이유는 가장 평범할 때 듣지 않았기 때문이다. 인생에는 때가 있다. 이사야 선자자는 이사야 55장 6절에서 우리에게 "너희는 여호와를 만날 만한 때에 찾으라 가까이 계실 때에 그를 부르라."라고 말씀하신다.

방법에 대한 무지

사울은 꿈으로도, 우림으로도, 선지자로도 말씀하시지 않는 하나님 때문에 답답했다. 하지만 여기서 '꿈'은 '꿈들'이다. 계속해서 꿈을 이용해서 신탁을 받고자 했다는 말이다. '우림'은 에봇 속에 들어 있는 우림과 둠밈을 의미한다. 하지만 놉 제사장 학살 사건 때 아비아달이 에봇을 들고 다윗에게로 갔다. 사울에게는 에봇이 없다. '선지자'도 복수다. 선지자들이다. 참 선지자 갓도 다윗에게로 갔다. 그러므로 이들도 가짜일 확률이 높다. 방법이 틀렸다. 거짓 믿음은 하나님께 구하다가 응답하지 않으시면, 하나님께 실망하고 떠나 버린다. 믿음은 항상 위기에 진위가 드러나는 법이다. 하나님 외에 다른 것을 의존하는 것은 다 사술에 의존하는 것이다. 우리의 인생은 답답하고 암담할 때가 많다. 사울의 고백처럼 '심히 다급할 때' 우리는 하나님을 찾아야 한다. 하지만 그렇다고 해서 방법이 틀리면 안 된다.

분별에 대한 무지

신접한 여인이 불러 올린 사무엘은 가짜다. 믿음의 선지자가 사탄의 하수인에 의해서 불려올 수는 없기 때문이다. 역대상 10장 13,14절에 보면, 사울이 신접한 자를 청한 것을 정죄하는데, 사무엘이 이 일에 동조할 수는 없기 때문이다. 누가복음 16장 26절에서 예수님은 분명히 죽은 자는 다시 이생으로 건너올 수 없다고 단언하셨기 때문이다. 19절에 보면, 사무엘의 환영이 '내일 너와 네 아들들이 나와 함께 있으리라.'라고 말하는데, 불순종하여 버림받은 사울과 사무엘이 사후 세상이 같지는 않을 것이기 때문이다. 그리고 사무엘이 했다고 하는 말은 새로운 것이 아니라 지금까지의 것을 다시 한번 반복하는 것일 뿐이다. 그러므로 이 불려 올려진 사무엘은 사탄이 자신의 지배를 받는 여인을 통해 사울을 미혹하고 있는 것이라고 볼 수 있다. 하지만 말씀을 떠난 사울은 그것을 분별할 수 없었다. 로마서 12장 2절은 우리에게 "너희는 이 세대를 본받지 말고 오직 마음을 새롭게 함으로 변화를 받아 하나님의 선하시고 기뻐하시고 온전하신 뜻이 무엇인지 분별하도록 하라."라고 명하고 있다.

문제 인식에 대한 무지

사울과 사무엘의 대화를 보면 사울의 문제 인식을 엿볼 수 있다. 첫 번째 문제는 블레셋이 쳐들어온 것이고, 두 번째 문제는 하나님이 자기를 떠나신 것이라고 말한다. 하지만 이것은 문제 인식과 순서, 둘 다 틀린 것이다. 근본적인 문제가 하나님이 자기를 떠나신 것이 아니라 자신이 하나님을 떠난 것이고, 그 결과 블레셋이 찾아온 것이다. 문제 인식에 대한 영적 무지다. 우리의 문제는 무엇인가? 물질의 문제인가? 관계의 문제, 사업의 문제인가? 혹시 보다 근본적인 문제는 하나님과의 관계가 문제는 아닐까? 내가 주님과 함께하지 않는 것이 문제이지는 않을까? 주님은 세상에서 가장 큰 복이 '하나님이 우리와 함께하는 것'이라 하셨다. 마태복음의 첫 장에서 '임마누엘'이라는 이름을 주셨다. '영원히 우리와 함께하시겠다.'라는 약속이다(마1:23). 그리고 공생애를 마치시고 마태복음의 끝 장에서 "볼지어다 내가 세상 끝날까지 너희와 항상 함께 있으리라."라고 하셨다(마28:20). 우리의 가장 큰 문제는 주님과 내가 함께 하지 않는 것이라는 사실을 깨닫는 것이 영적 무지에서 벗어나는 길이다.

|청년 자기 체크리스트|

아래의 체크리스트를 가지고 오늘 소그룹 모임에 임한 자신의 태도를 충분히 점검해 보라.

점검 사항		5	4	3	2	1
준비 및 예습	본 과를 준비하면서 충분히 예습은 하였는가					
	각 과의 분명한 목적은 알고 모임에 임했는가?					
	성령께서 나를 만지시도록 기도로 준비하였는가?					
	소그룹원들을 위해서 중보하였는가?					
	리더를 위해서 중보하였는가?					
	나를 변화시키실 하나님을 기대하는 마음으로 임했는가?					
참여 및 자세	적극적으로 질문과 대답에 참여했는가?					
	정직하게 자신을 오픈했는가?					
	지체들의 발표에 사랑하는 마음으로 공감적 경청을 하였는가?					
	모임 중 성령의 인도하심을 계속적으로 기도했는가?					
	하나님께서 원하시는 것이 무엇인지 분명히 알았는가?					
	발견된 진리를 삶과 인격에 적용하기로 결단했는가?					
	이번주에 중보할 지체를 발견했는가?					
적용 및 결단	삶과 인격 변화를 위한 이번주 자신의 적용은 구체적인가?					
	배운 내용이 삶의 상황에 분명히 적용되었는가?					
	소그룹 모임에 대한 만족감이 있었는가?					
	배운 내용을 분명하게 정리했는가?					
	이번 과의 주제와 목적을 분명히 알게 되었는가?					
	삶과 인격의 변화를 위해 기도할 준비가 되어 있는가?					
평가	이번주 총점					

"그러므로 내 사랑하는 형제들아 견실하며 흔들리지 말고 항상 주의 일에 더욱 힘쓰는 자들이 되라 이는 너희 수고가 주 안에서 헛되지 않은 줄 앎이라" (고전 15:58)

- 이번주 생일자는?
- 다음주 청년부 행사는?
- 이번 달 암송 구절과 필독서는?
- 이번주 소그룹 특이 사항은?
- 다음주 전도할 대상은?

12과
내 안에 사울

사무엘상 31장 1~13절

같은 말인데도 상황에 따라, 대상에 따라 다양한 의미가 될 수 있다.
이런 것을 흔히 '다중 이미지'라고 한다.
우리가 읽는 성경의 상당부분은 살아 있는 대화인 구어체가
문어체의 활자로 누워있는 형국이다.
그래서 성경의 뉘앙스를 제대로 이해하지 못할 때가 많다.
그래서 성경 공부에 중요한 것은 문맥을 잘 파악하는 것이다.
본문에 등장하는 '사울의 죽음'이라는 사건 역시 다중 이미지를 가지고 있다.
성경의 독자인 우리는 이 사건이 무엇을 의미하는지 파악해야 한다.
다른 모든 성경이 마찬가지지만,
다중 이미지를 읽어낼 때 우리는 하나님의 참 메시지를 발견하게 된다.
사울의 죽음이 우리에게 주는 메시지는 무엇일까?

말씀암송 | 빌립보서 2장 13절

너희 안에서 행하시는 이는 하나님이시니 자기의 기쁘신 뜻을 위하여 너희에게 소원을 두고 행하게 하시나니

|다가서기|

1. 내 주변에 나도 모르게 내가 의지하고 있는 것은 어떤 것이 있을까? 생각해 보는 시간을 갖고 사소한 것이라도 있다면 나누어 보라.

인도자가이드 |

우리가 인식하지 못할 뿐이지 우리는 나도 모르게 의지하는 많은 것을 가지고 살아간다. 그것이 돈일 수도 있고, 핸드폰일 수도 있고, 사랑하는 사람일 수 있다. 어떤 것을 의지하느냐에 따라 그 사람의 인생은 달라질 수 있다.

|깊이보기| 사무엘상 31장 1~13절

2. 본문의 줄거리를 읽고 잘 소화하여 자신의 말로 정리해 보라.

인도자가이드 |

본문은 블레셋과의 전투 중에 사울 일가가 죽고, 길르앗 야베스 사람들이 사울의 장례를 치러준다는 내용이다. 길보아 산 전투에서 사울의 무기든 자는 사울의 부탁으로 사울을 죽이게 된다. 블레셋 사람들이 벧산 성벽에 걸어 둔 사울과 세 아들의 시체를 길르앗 야베스 사람들이 빼앗아 와 장례를 치러줌으로 사무엘상 9장에서 사울에게 진 빚을 갚는다는 이야기다.

3. 활에 중상을 입은 사울은 그의 무기 든 자에게 무엇을 요구했는가?(4절) 이 모습은 다윗의 모습과 어떻게 다른지 비교해 보라(삼상17:45).

말씀살피기

그가 무기를 든 자에게 이르되 네 칼을 빼어 그것으로 나를 찌르라 할례 받지 않은 자들이 와서 나를 찌르고 모욕할까 두려워하노라 하나 무기를 든 자가 심히 두려워하여 감히 행하지 아니하는지라 이에 사울이 자기의 칼을 뽑아서 그 위에 엎드러지매[삼상 31:4]

다윗이 블레셋 사람에게 이르되 너는 칼과 창과 단창으로 내게 나아 오거니와 나는 만군의 여호와의 이름 곧 네가 모욕하는 이스라엘 군대의 하나님의 이름으로 네게 나아가노라[삼상 17:45]

인도자가이드 I

사울과 블레셋의 전투는 다윗과 아말렉의 전투와 같은 시간대에 이루어진 일로 기록되어, 가족을 구원하는 다윗과 가족을 잃게 되는 사울을 대조하고 있다. 이미 중상을 입었던 사울은 자신의 무기 든 자에게 자신을 죽이라고 명한다. 그 이유는 할례받지 못한 자들이 '자신을 모욕할까 두려워서' 였다. 사울은 자신이 모욕당하지 않기 위해서 산 인생이라고 할 수 있다. 이에 반해 골리앗 앞의 다윗은 '네가 모욕하는 하나님의 이름으로 네게 나아가노라.'라고 말한다. 다윗은 '하나님이 모욕당할까' 신경쓰며 산 인생이라고 할 수 있다.

4. 사울과 다윗의 비교는 무엇을 의지하고 살 것인가를 생각하게 한다. 나는 무엇을 의지하고 사는지 자신을 돌아보며, 조심스럽게 나누어 보라.

인도자가이드 I

표면적으로 우리는 하나님을 의지하며 산다고 말한다. 하지만 무엇 때문에 우리가 분노하고, 슬퍼하고, 염려하는지를 보면 정말 의지하는 것이 무엇인지 알게 된다. 사울은 평생 칼을 의지하고 살았고, 결국 그 칼에 엎드러져 죽는다. 우리가 결국 의지하는 것에 엎드러져 죽게 될 것이다.

5. 블레셋이 이스라엘의 왕의 머리를 베고, 갑옷을 아스다롯 신전에 둔 것은 이스라엘의 신이 패배했다는 상징이다(9,10절). 하지만 하나님은 패배하지 않았다. 그 이유가 무엇인가?(16:12,13)

말씀살피기

사울의 머리를 베고 그의 갑옷을 벗기고 자기들의 신당과 백성에게 알리기 위하여 그것을 블레셋 사람들의 땅 사방에 보내고, 그의 갑옷은 아스다롯의 집에 두고 그의 시체는 벧산 성벽에 못 박으매[삼상 31:9,10]

이에 사람을 보내어 그를 데려오매 그의 빛이 붉고 눈이 빼어나고 얼굴이 아름답더라 여호와께서 이르시되 이가 그니 일어나 기름을 부으라 하시는지라, 사무엘이 기름 뿔병을 가져다가 그의 형제 중에서 그에게 부었더니 이 날 이후로 다윗이 여호와의 영에게 크게 감동되니라 사무엘이 떠나서 라마로 가니라[삼상 16:12,13]

인도자가이드 |

왕의 머리를 베고, 갑옷을 아스다롯 신전에 둔 것은 다윗이 골리앗의 머리를 베고, 그의 갑옷을 이스라엘 성전에 둔 것과 대조된다. 블레셋은 이스라엘의 왕의 머리가 베어졌으니 하나님이 패하신 것이라고 생각했지만, 아니다. 왜냐하면 이스라엘에는 왕으로 기름 부음 받은 자가 하나 더 있었기 때문이다(16:12,13). 진짜 왕은 따로 있었기 때문에 하나님이 패하신 것이 아니다.

6. 다윗은 사울 때문에 고난의 시간을 보냈다. 하지만 결국은 이스라엘에 왕이 둘이었기 때문에 패하지 않은 것이 되었다. 이 사실이 당신에게 시사하는 바는 무엇인가?

인도자가이드 |

다윗의 입장에서는 오랫동안의 고난이 원망스러웠을 수 있다. "왜 하필 나에게 기름을 부으셔서 이 고생을 하게 하십니까?"라고 질문했을 수 있다. 하지만 하나님은 이스라엘에 기름 부음 받은 자가 둘이게 하셔서 결과적으로는 패하지 않게 하신 것이다. 진정한 왕을 훈련시키는 도구로 사용하셨고, 대적들에게 하나님은 절대 패하지 않는 분임을 나타내셨다. 그러므로 교회라는 공동체도 기름 부음 받은 형제가 함께해야 하는 곳이다.

7. 내 주위에 있는 함께 기름 부은 바 된 형제를 당신은 어떻게 생각하는가? 사울에게 다윗의 의미와 나에게 그 형제의 의미를 비교하여 적용해 보라(시편133:1~3).

말씀살피기

보라 형제가 연합하여 동거함이 어찌 그리 선하고 아름다운고, 머리에 있는 보배로운 기름이 수염 곧 아론의 수염에 흘러서 그의 옷깃까지 내림 같고, 헐몬의 이슬이 시온의 산들에 내림 같도다 거기서 여호와께서 복을 명령하셨나니 곧 영생이로다[시 133:1~3]

인도자가이드 I

아론은 모세의 형제요, 최고의 동역자였다. 헐몬의 이슬이란 이스라엘 북쪽에 있는 형제들이 남쪽에 있는 예루살렘으로 예배하기 위하여 몰려드는 모습을 상징한다. 이런 동역과 예배를 함께 하는 형제들이 얻게 될 최고의 복, 최고의 승리가 바로 영생이라는 말이다. 사탄의 나라와의 전쟁에서 하나님의 완전한 승리는 함께 기름 부음 받은 우리들의 구원, 곧 영생이다.

8. 블레셋은 사울이 죽었다는 '기쁜 소식(빠소르)'를 전했다(9절). 세상 나라의 기쁜 소식은 무엇이라고 정의할 수 있겠는가? 이에 반해 하나님 나라의 기쁜 소식은 어떤 것이었는지 비교해 보라(삼상30:24).

말씀살피기

이 일에 누가 너희에게 듣겠느냐 전장에 내려갔던 자의 분깃이나 소유물 곁에 머물렀던 자의 분깃이 동일할지니 같이 분배할 것이니라 하고[삼상 30:24]

인도자가이드 |

블레셋이 사울 왕의 머리를 베어 자기들의 신당과 백성에게 보냈다는 말은 기쁜 소식(빠소르)을 전했다는 뜻이다. 다윗이 낙오한 자들을 브솔 시내에 남겨두었다고 할 때 그 '브솔'이 '빠소르'와 같은 의미다. 역시 저자는 대조를 하고 있다. 다윗이 전한 기쁜 소식은 낙오한 자들도 하나님 나라의 분깃을 나누는 동역자요, 주역이라는 것이다. 형제가 하나되는 것, 이것이 하나님 나라의 복음이다. 하지만 블레셋이 전한 기쁜 소식은 사울이, 형제가 죽었다는 것이다. 이것이 세상 나라의 복음이다.

9. 사울의 죽음에는 다중적 이미지가 숨어 있다. 내 속에 사울이 죽는 것이 진정한 복음이라고 할 수 있다. 내 속에 있는 사울의 모습은 어떤 것이 있는지 나누어 보라.

인도자가이드 |

사울이 죽은 것은 세상 나라의 기쁜 소식이요, 복음이다. 하지만 하나님 나라, 이스라엘에서도 복음이다. 그 이유는 사울이 죽어야 다윗이 세워지기 때문이다. 예수님이 죽은 것은 사탄의 나라에서 복음이다. 하지만 그것이 하나님 나라에서도 복음이다. 예수님이 죽어야 부활이 있고, 우리가 살기 때문이다. 내 속에 있는 사울과 같은 성향이 죽는 것은 그래서 복음이다.

|다짐하기|

10. 내 속에 죽여야 할 사울적 요소 세 가지를 찾고, 어떻게 죽일지를 구체적으로 계획을 세운 후 나누어 보라.

인도자가이드

사울의 삶과 성격, 성향을 서로 나누는 시간을 먼저 가지라. 그리고 그런 사울의 특성이 내 속에는 없는지 서로 나누고, 그것을 죽일 수 있는 구체적인 계획을 세우도록 도우라. 그러나 결국은 하나님의 도우심이 필요하고, 복음이 필요하다는 사실도 놓치지 말라.

|관점얻기|

무엇을 의지하며 살 것인가?

사무엘상은 계속해서 사울과 다윗을 대조한다. 블레셋과 이스라엘의 길보아 전투는 원문상 다윗과 아말렉의 전투와 같은 시간대에 이루어진 일로 기록된다. 그러면서 가족을 구원하는 다윗과 가족을 잃게 되는 사울을 대조하고 있다. 전쟁에서 이미 부상당한 사울은 자신의 무기 든 자에게 죽여줄 것을 부탁하고, 결국 죽음을 맞이한다. 사울이 죽고자 했던 이유는 할례받지 못한 자들이 '자신을 모욕할까 두려워서' 였다. 이 한마디가 사울의 인생을 설명하는 말이다. 사울은 자기를 위해서 살았다. 죽음의 자리에서 자신이 모욕당할까 봐 죽으려는 모습으로 드러나는 것이다. 이에 반해 다윗은 '하나님이 모욕당할까' 목숨을 걸고 싸우는 사람이었다. 사울은 평생 칼에 의지하여 살았고, 결국은 그 칼에 엎드러져 죽는다. 무엇을 의지하며 사는가는 무엇을 의지하고 죽는가를 결정한다.

함께 함이 얼마나 중요한가?

전투에서 이긴 블레셋은 왕의 머리를 베고, 갑옷을 아스다롯 신전에 두었다. 이런 행위는 우리 신이 이스라엘의 신을 이겼다는 뜻이다. 이 모습은 다윗이 골리앗의 머리를 베고, 그의 갑옷을 이스라엘 성전에 둔 모습과 비슷하다. 이제 이스라엘의 왕의 머리가 베어졌으니 하나님이 패하신 것이다. 하지만 그렇지 않다. 그 이유는 이스라엘에는 왕으로 기름 부음 받은 자가 하나 더 있었기 때문이다(16:12,13). 다윗은 오랫동안 '왜 하나님은 나에게 왕으로 기름 부으셔서 이 죽을 고생을 하게 하시나?' 원망했을지 모른다. 하지만 시간이 지나고 깨달은 것은 사울이 죽었지만, 여전히 기름 부은 바 된 다윗이 있었기 때문에 하나님은 패하지 않으신 것이 되었다. 하나님의 승리를 위해서는 함께 기름 부은 바 된 형제가 있어야 한다. 사탄의 나라와의 전쟁에서 하나님의 완전한 승리는 함께 기름 부음 받은 우리 모두의 구원, 곧 영생이다(시133:1~3).

진정한 복음이란?

블레셋은 사울 왕의 머리를 베어 자기들의 신당과 백성에게 보냈다. 이것은 '기쁜 소식(빠소르)'를 전하기 위한 것이다. 하지만 이 말은 다윗이 낙오한 자들을 남겨두었던 '브솔'과 같은 어근을 갖는다. 사무엘서의 저자는 이 동일한 단어를 통해 또 둘을 비교하고 있다. 다윗이 전한 기쁜 소식, 복음은 낙오한 자들도 하나님 나라의 분깃을 같이 나누는 동역자요, 주역이라는 것이다. 형제가 하나되는 것이다. 이것이 하나님 나라의 복음이다. 여기에 역설이 있다. 사울이 죽은 것은 세상 나라의 기쁜 소식이요, 복음이다. 하지만 하나님 나라, 이스라엘에서도 복음이다. 사울이 죽어야 다윗이 세워지기 때문이다. 마찬가지로 예수님이 죽은 것은 사탄의 나라에서 복음이다. 하지만 하나님 나라에서도 복음이다. 예수님이 죽어야 부활이 있기 때문이다. 그런 의미에서 내 안에 사울이 죽는 것은 아프고 힘든 일이지만 복음이다. 진정한 복음은 "내가 그리스도와 함께 십자가에 못 박혔나니, 그런즉 이제는 내가 사는 것이 아니요, 오직 내 안에 그리스도께서 사시는 것이라, 이제 내가 육체 가운데 사는 것은, 나를 사랑하사 나를 위하여 자기 자신을 버리신, 하나님의 아들을 믿는 믿음 안에서 사는 것이라(갈2장 20절)"라는 고백에 있다.

|청년 자기 체크리스트|

아래의 체크리스트를 가지고 오늘 소그룹 모임에 임한 자신의 태도를 충분히 점검해 보라.

점검 사항		5	4	3	2	1
준비 및 예습	본 과를 준비하면서 충분히 예습은 하였는가					
	각 과의 분명한 목적은 알고 모임에 임했는가?					
	성령께서 나를 만지시도록 기도로 준비하였는가?					
	소그룹원들을 위해서 중보하였는가?					
	리더를 위해서 중보하였는가?					
	나를 변화시키실 하나님을 기대하는 마음으로 임했는가?					
참여 및 자세	적극적으로 질문과 대답에 참여했는가?					
	정직하게 자신을 오픈했는가?					
	지체들의 발표에 사랑하는 마음으로 공감적 경청을 하였는가?					
	모임 중 성령의 인도하심을 계속적으로 기도했는가?					
	하나님께서 원하시는 것이 무엇인지 분명히 알았는가?					
	발견된 진리를 삶과 인격에 적용하기로 결단했는가?					
	이번주에 중보할 지체를 발견했는가?					
적용 및 결단	삶과 인격 변화를 위한 이번주 자신의 적용은 구체적인가?					
	배운 내용이 삶의 상황에 분명히 적용되었는가?					
	소그룹 모임에 대한 만족감이 있었는가?					
	배운 내용을 분명하게 정리했는가?					
	이번 과의 주제와 목적을 분명히 알게 되었는가?					
	삶과 인격의 변화를 위해 기도할 준비가 되어 있는가?					
평가	이번주 총점					

"그러므로 내 사랑하는 형제들아 견실하며 흔들리지 말고 항상 주의 일에 더욱 힘쓰는 자들이 되라 이는 너희 수고가 주 안에서 헛되지 않은 줄 앎이라" (고전 15:58)

- 이번주 생일자는?
- 다음주 청년부 행사는?
- 이번 달 암송 구절과 필독서는?
- 이번주 소그룹 특이 사항은?
- 다음주 전도할 대상은?